入生界品之

大方廣佛華嚴經第七十卷變相

大方廣佛華嚴經

일러두기

1. 『대방광불화엄경 강설』 원문原文의 저본底本은 근세에 교정이 가장 잘 되었다고 정평이 나 있는 대만臺灣의 불타교육기금회佛陀教育基金會에서 출판한 『화엄경소초華嚴經疏鈔』본입니다.

2. 『대방광불화엄경 강설』은 실차난타實叉難陀가 695년부터 699년까지 4년에 걸쳐 번역해 낸 80권본卷本 『대방광불화엄경』을 우리말로 옮기고 강설을 붙인 것입니다.

3. 『대방광불화엄경』은 애초 산스크리트에서 한역漢譯된 경전이지만 현재 산스크리트본은 소실된 상태입니다. 산스크리트를 음차한 경우 굳이 원래 소리를 표기하려고 하기보다는 『표준국어대사전』이나 『불교사전』 등에 등재된 한자음을 사용하는 것을 원칙으로 하였습니다.

4. 경문의 한글 번역은 동국역경원본을 참고하여 그대로 또는 첨삭을 하며 의미대로 번역하고 다듬었습니다.

5. 각 품마다 내용에 따라 단락을 나누고 제목을 달았습니다. 단락의 제목은 주로 청량淸凉스님의 견해에 기초하였고 이통현李通玄장자의 견해를 참고로 하였습니다.

6. 『대방광불화엄경 강설』의 발행 순서는 한역 경전의 편재 순서를 기준으로 하였고 각 권은 단행본 한 권씩으로 출간될 예정이며 모두 80권으로 완간됩니다. 다만 80권본에 빠져 있는 「보현행원품」은 80권본 완역 및 강설 후 시리즈에 포함돼 추가될 예정입니다.

7. 『대방광불화엄경 강설』 안에서 불교용어를 풀이한 것은 운허스님이 저술하고 동국역경원에서 편찬한 『불교사전』을 인용하였습니다.

8. 각주의 청량스님의 소疏는 대만에서 입력한 大方廣佛華嚴經 사이트의 것을 사용하였습니다.

9. 『대방광불화엄경 강설』 입법계품에 들어가는 문수지남도는 북송北宋시대 불국佛國선사가 선재동자가 53명의 선지식을 친견하여 법을 구하는 장면을 하나하나 그림으로 그린 것입니다.

대방광불화엄경 강설
제 77 권

三十九. 입법계품入法界品 18

실차난타實叉難陀 한역
무비스님 강설

서문

선남자여, 선지식은 모든 착한 뿌리를 자라게 하나니
마치 설산에서 모든 약풀이 자라는 것과 같습니다.

선지식은 부처님 법의 그릇이니
마치 바다가 여러 강물을 받아들이는 것과 같습니다.

선지식은 공덕이 나는 곳이니
마치 바다에서 여러 가지 보배가 나는 것과 같습니다.

선지식은 보리심을 깨끗이 하나니
마치 맹렬한 불이 진금을 단련하는 것과 같습니다.

선지식은 세간의 법에서 뛰어나나니
마치 수미산이 큰 바다에서 솟아나는 것과 같습니다.

선지식은 세상의 법에 물들지 않나니
마치 연꽃에 물이 묻지 않는 것과 같습니다.

선지식은 모든 나쁜 것을 받지 않나니
마치 큰 바다가 송장을 머물러 두지 않는 것과 같습니다.

선지식은 청정한 법을 증장하게 하나니
마치 보름달의 광명이 원만한 것과 같습니다.

선지식은 법계를 밝게 비추나니
마치 밝은 해가 사천하를 비추는 것과 같습니다.

선지식은 보살의 몸을 자라게 하나니
마치 부모가 아이들을 기르는 것과 같습니다.

2017년 12월 15일

신라 화엄종찰 금정산 범어사

如天 無比

대방광불화엄경 목차

대방광불화엄경 강설 제77권

三十九. 입법계품入法界品 18

대방광불화엄경 강설

제77권

三十九. 입법계품 18

문수지남도 제51, 선재동자가 덕생동자와 유덕동녀를 친견하다.

51. 덕생동자德生童子와 유덕동녀有德童女

회연입실상會緣入實相의 별의別義의 선지식

1) 가르침에 의지하여 선지식을 찾아 법을 묻다

이시　선재동자　점차남행　지묘의화문
爾時에 善財童子가 漸次南行하야 至妙意華門

성　견덕생동자　유덕동녀　정례기족
城하야 見德生童子와 有德童女하고 頂禮其足하며

우요필이　어전합장　이작시언
右繞畢已하고 於前合掌하야 而作是言호대

그때에 선재동자는 점점 남쪽으로 가다가 묘의화문
성妙意華門城에 이르러 덕생동자와 유덕동녀를 친견하고
는 그의 발에 엎드려 절하고 오른쪽으로 돌고 앞에 서
서 합장하고 말하였습니다.

덕생동자德生童子와 유덕동녀有德童女는 두 사람이지만 한 분의 선지식으로 본다. 그 뜻은 지혜와 자비가 원만하고 두 가지 행이 균등함을 밝힌 것이다.

성자   아 이 선 발 아 뇩 다 라 삼 먁 삼 보 리 심
聖者여 我已先發阿耨多羅三藐三菩提心호니

이 미 지 보 살   운 하 학 보 살 행   운 하 수 보 살 도
而未知菩薩이 云何學菩薩行이며 云何修菩薩道

       유 원 자 애   위 아 선 설
리잇고 唯願慈哀로 爲我宣說하소서

"거룩하신 이여, 저는 이미 아뇩다라삼먁삼보리심을 내었으나 보살이 어떻게 보살의 행을 배우며 어떻게 보살의 도를 닦는지를 알지 못합니다. 바라옵건대 저를 가엾이 여기어 말씀하여 주십시오."

2) 덕생동자와 유덕동녀가 법을 설하다

시   동자동녀   고선재언   선남자   아등
時에 **童子童女**가 **告善財言**하사대 **善男子**야 **我等**이

증득보살 해탈   명위환주   득차해탈고   견
證得菩薩解脫호니 **名爲幻住**라 **得此解脫故**로 **見**

일체세계   개환주   인연소생고
一切世界가 **皆幻住**니 **因緣所生故**며

이때에 동자와 동녀가 선재에게 말하였습니다. "선남자여, 우리는 보살의 해탈을 증득하였으니 이름이 '환술처럼 머무름[幻住]'입니다. 이 해탈을 얻었으므로 모든 세계가 다 환술처럼 머무는 줄로 보나니, 인연으로 생긴 까닭입니다."

덕생동자와 유덕동녀는 환술처럼 머문다는 뜻의 '환주幻住'라는 해탈을 얻어서 모든 세계가 다 환술처럼 머무는 줄로 본다. 그 이유는 일체 세계와 일체 존재가 모두 인연으로 생겼으며 인연으로 소멸하기 때문이다.

일체 중생   개 환 주   업 번뇌 소 기 고   일 체 세
一切衆生이 皆幻住니 業煩惱所起故며 一切世

간   개 환 주   무 명 유 애 등   전 전 연 생 고
間이 皆幻住니 無明有愛等의 展轉緣生故며

"일체 중생이 다 환술처럼 머무나니, 업과 번뇌로 일
어난 까닭입니다. 모든 세간이 다 환술처럼 머무는 것
이니, 무명과 존재[有]와 욕망[愛] 따위가 서로 인연이 되
어 생기는 까닭입니다."

일 체 법   개 환 주   아 견 등 종 종 환 연 소 생 고
一切法이 皆幻住니 我見等種種幻緣所生故며

일 체 삼 세   개 환 주   아 견 등 전 도 지 소 생 고
一切三世가 皆幻住니 我見等顚倒智所生故며

"모든 법이 다 환술처럼 머무는 것이니, '나'라는 소
견 따위의 갖가지 환술과 같은 인연으로 생기는 까닭입
니다. 모든 세 세상이 다 환술처럼 머무는 것이니, '나'
라는 소견 따위의 뒤바뀐 지혜로 생기는 까닭입니다."

일체중생 생멸생로병사우비고뇌 개 환 주
一切衆生生滅生老病死憂悲苦惱가 皆幻住니

허망분별소생고 일체국토 개 환 주 상도심
虛妄分別所生故며 一切國土가 皆幻住니 想倒心

도견도무명소현고
倒見倒無明所現故며

"일체 중생의 생기고 없어지고 나고 늙고 병들고 죽
고 근심하고 슬퍼하고 괴로워하는 것이 다 환술처럼 머
무는 것이니, 허망한 분별로 생기는 까닭입니다. 모든
국토가 다 환술처럼 머무는 것이니, 생각이 뒤바뀌고
마음이 뒤바뀌고 소견이 뒤바뀌어 무명으로 나타나는
까닭입니다."

일체성문벽지불 개 환 주 지단분별소성고
一切聲聞辟支佛이 皆幻住니 智斷分別所成故

일체보살 개 환 주 능자조복 교화중생
며 一切菩薩이 皆幻住니 能自調伏하야 敎化衆生하는

제행원법지소성고
諸行願法之所成故며

"모든 성문과 벽지불이 다 환술처럼 머무는 것이니, 지혜로 분별을 끊어서 이룬 까닭입니다. 일체 보살이 모두 환술로 머무는 것이니, 능히 스스로 조복하고 중생을 교화하려는 여러 가지 행行과 원願의 법으로 이루어지는 까닭입니다."

일체보살중회 변화조복 제소시위 개환
一切菩薩衆會의 變化調伏과 諸所施爲가 皆幻

주 원지환소성고 선남자 환경자성 불가
住니 願智幻所成故라 善男子야 幻境自性이 不可

사 의
思議니라

"모든 보살 대중의 변화하고 조복하는 여러 가지 일이 다 환술처럼 머무는 것이니, 서원과 지혜의 환영으로 이루어지는 까닭입니다. 선남자여, 환술과 같은 경계의 성품은 불가사의합니다."

일체 세계가 환술과 같이 머물 듯이 일체 중생과 일체 세간과 일체 법과 과거 현재 미래와 일체 중생의 생기고 없어지

고 나고 늙고 병들고 죽고 근심하고 슬퍼하고 괴로워함과
일체 국토와 심지어 모든 성문과 벽지불과 일체 보살과 모
든 보살 대중의 변화하고 조복하는 여러 가지 일이 다 환술
처럼 머문다는 사실을 안다. 이것이 덕생동자와 유덕동녀가
얻은 해탈의 내용이다.

3) 자기는 겸손하고 다른 이의 수승함을 추천하다

선 남 자　아 등 이 인　단 능 지 차 환 주 해 탈
善男子야 **我等二人**은 **但能知此幻住解脫**이어니와

여 제 보 살 마 하 살　선 입 무 변 제 사 환 망　　피 공
如諸菩薩摩訶薩은 **善入無邊諸事幻網**하나니 **彼功**

덕 행　아 등　운 하 능 지 능 설
德行을 **我等**이 **云何能知能說**이리오

"선남자여, 우리 두 사람은 다만 이 환술처럼 머무는
해탈을 알 뿐이지만 저 모든 보살마하살이 그지없는 모
든 일의 환술 그물에 잘 들어가는 그 공덕의 행을 우리
가 어떻게 능히 알며 능히 말하겠습니까."

4) 다음 선지식 찾기를 권유하다

(1) 선지식의 처소를 밝히다

時_에 童子童女_가 說自解脫已_에 以不思議諸善
시   동자동녀   설자해탈이   이부사의제선

根力_{으로} 令善財身_{으로} 柔軟光澤_{하고} 而告之言_{하사대}
근력   영선재신   유연광택   이고지언

이때에 동자와 동녀가 자기의 해탈을 말하고는 부사
의한 모든 선근의 힘으로써 선재동자의 몸으로 하여금
부드럽고 빛나고 윤택하게 하고 말하였습니다.

善男子_야 於此南方_에 有國_{하니} 名海岸_{이요} 有園
선남자   어차남방   유국   명해안   유원

_{하니} 名大莊嚴_{이며} 其中_에 有一廣大樓閣_{하니} 名毘
명대장엄   기중   유일광대누각   명비

盧遮那莊嚴藏_{이니}
로자나장엄장

"선남자여, 여기에서 남쪽에 해안海岸이라는 나라가
있고, 거기에 대장엄大莊嚴이라는 동산이 있으며, 그 안

에 한 광대한 누각이 있으니 이름이 비로자나장엄장毘盧
遮那莊嚴藏 입니다."

종보살선근과보생　　종보살염력원력자재
從菩薩善根果報生이며 從菩薩念力願力自在

력신통력생　　종보살선교방편생　　종보살복
力神通力生이며 從菩薩善巧方便生이며 從菩薩福

덕지혜생
德智慧生이라

"보살의 착한 뿌리의 과보를 좇아 생겼으며, 보살의
생각하는 힘과 서원하는 힘과 자재한 힘과 신통한 힘으
로 생겼으며, 보살의 교묘한 방편으로 생겼으며, 보살
의 복덕과 지혜로 생겼습니다."

선남자　　주부사의해탈보살　　이대비심
善男子야 住不思議解脫菩薩이 以大悲心으로

위제중생　　현여시경계　　집여시장엄
爲諸衆生하야 現如是境界하며 集如是莊嚴하나니라

"선남자여, 부사의한 해탈에 머무른 보살은 크게 가엾이 여기는 마음으로 모든 중생을 위하여 이와 같은 경계를 나타내며 이와 같은 장엄을 모은 것입니다."

다음 선지식의 처소를 말하면서 해안海岸이라는 나라에 대장엄大莊嚴이라는 동산이 있고, 그 동산에 비로자나장엄장毘盧遮那莊嚴藏이라는 광대한 누각이 있음을 밝혔다. 그리고 그 누각은 보살의 선근과 보살의 생각하는 힘과 서원하는 힘과 자재한 힘과 신통한 힘으로 생겼음을 자세히 밝혔다. 즉 다음의 선지식인 미륵보살이 그 누각 가운데 계시다는 것을 이야기하려는 것이다.

(2) 미륵보살이 계시는 곳을 밝히다

미륵 보살 마하살　안 처 기 중　　위 욕 섭 수 본
彌勒菩薩摩訶薩이 **安處其中**하사 **爲欲攝受本**

소 생 처 부 모 권 속　　급 제 인 민　　영 성 숙 고
所生處父母眷屬과 **及諸人民**하야 **令成熟故**며

"미륵보살마하살이 그 가운데 계시니, 본래 태어났

던 곳의 부모와 권속과 백성들을 거두어 주어 성숙하게 하는 연고입니다."

미륵보살彌勒菩薩은 범어로 Maitreya이다. 또는 매달려야 梅呾麗耶·매달례야昧怛隷野라 하는데 번역하여 자씨慈氏라 한다. 이름은 아일다阿逸多이다. 무승無勝·막승莫勝이라 번역한다. 인도 바라내국의 바라문 집에 태어나 석존의 교화를 받고 미래에 성불하리라는 수기를 받아 도솔천에 올라가 있으면서, 지금 그 하늘에서 천인들을 교화한다. 석존 입멸 후 56억7천만 년을 지나 다시 이 사바세계에 출현하여 화림원 華林園 안의 용화수龍華樹 아래서 성도하여, 3회의 설법으로써 석존의 교화에서 빠진 모든 중생을 제도한다고 한다. 석존의 업적을 돕는다는 뜻으로 보처補處의 미륵이라 하며, 현겁 賢劫 천불의 제5불佛이다. 이 법회를 용화삼회龍華三會라 한다. 이러한 보살이 이제 선재동자의 선지식으로 등장하였다.

우 욕 령 피 동 수 생 동 수 행 중 생   어 대 승 중
又欲令彼同受生同修行衆生으로 於大乘中에

득견고고　　우욕령피일체중생　　　수주지수선
得堅固故며 **又欲令彼一切衆生**으로 **隨住地隨善**

근　　　개 성 취 고
根하야 **皆成就故**며

"또 함께 태어나고 함께 수행하던 중생들을 대승 가
운데서 견고하게 하려는 연고며, 또 저 모든 중생들로
하여금 있는 곳을 따르고 착한 뿌리를 따라서 다 성취
하게 하려는 연고입니다."

우욕위여　　　현시보살　　해탈문고　　　현시보
又欲爲汝하야 **顯示菩薩**의 **解脫門故**며 **顯示菩**

살　변일체처수생자재고　　　현시보살　　이종종
薩의 **徧一切處受生自在故**며 **顯示菩薩**의 **以種種**

신　　보현일체중생지전　　　상교화고
身으로 **普現一切衆生之前**하야 **常敎化故**며

"또한 그대에게 보살의 해탈문을 보이려는 연고며,
보살이 모든 곳에서 자재하게 태어남을 보이려는 연고
며, 보살이 갖가지 몸으로 일체 중생들 앞에 널리 나타
나서 항상 교화함을 보이려는 연고입니다."

현시보살　이대비력　　보섭일체세간자재
顯示菩薩의 以大悲力으로 普攝一切世間資財

　　이불염고　현시보살　구수제행　　지일체
하야 而不厭故며 顯示菩薩의 具修諸行호대 知一切

행　이제상고　현시보살　처처수생　　요일
行이 離諸相故며 顯示菩薩의 處處受生호대 了一

체생　개무상고
切生이 皆無相故니라

"보살이 크게 가엾이 여기는 힘으로 모든 세간의 재
물을 거두어 주어 싫어하지 않음을 보이려는 연고며, 보
살이 모든 행을 갖춰 닦으면서도 일체 행이 모든 모양
을 여읜 것을 보이려는 연고며, 보살이 여러 곳에서 태
어나되 일체 태어남이 다 모양이 없는 줄 아는 것을 보
이려는 연고입니다."

덕생동자와 유덕동녀는 미륵보살이 그 누각에 계시는 까
닭을 여러 가지로 밝혔다. 즉 본래 태어났던 곳의 부모와 권
속과 백성들을 거두어 주어 성숙하게 하고, 또 함께 태어나
고 함께 수행하던 중생들을 대승 가운데서 견고하게 하려는
등의 까닭을 밝힌 것이다.

(3) 미륵보살에게 묻기를 권유하다

여 예 피 문　　보 살　　운 하 행 보 살 행　　　운 하 수
汝詣彼問호대 **菩薩**이 **云何行菩薩行**이며 **云何修**

보 살 도　　운 하 학 보 살 계　　　운 하 정 보 살 심　　　운
菩薩道며 **云何學菩薩戒**며 **云何淨菩薩心**이며 **云**

하 발 보 살 원
何發菩薩願이며

"그대는 그에게 가서 '보살이 어떻게 보살의 행을 행하며, 어떻게 보살의 도를 닦으며, 어떻게 보살의 계율을 배우며, 어떻게 보살의 마음을 깨끗이 하며, 어떻게 보살의 서원을 발하며,

운 하 집 보 살 조 도 구　　운 하 입 보 살 소 주 지　　운
云何集菩薩助道具며 **云何入菩薩所住地**며 **云**

하 만 보 살 바 라 밀　　　운 하 획 보 살 무 생 인　　　운 하
何滿菩薩波羅蜜이며 **云何獲菩薩無生忍**이며 **云何**

구 보 살 공 덕 법　　　운 하 사 보 살 선 지 식
具菩薩功德法이며 **云何事菩薩善知識**이리잇고하라

어떻게 보살의 도를 돕는 도구를 모으며, 어떻게 보

살의 머무는 지위에 들어가며, 어떻게 보살의 바라밀다를 만족하며, 어떻게 보살의 생사 없는 법의 지혜[無生忍]를 얻으며, 어떻게 보살의 공덕의 법을 갖추며, 어떻게 보살의 선지식을 섬기는가.'를 물으십시오."

덕생동자와 유덕동녀는 다음의 선지식에 대해서 매우 자세히 설명하고 특별히 보살의 행과 도와 계와 마음과 서원과 도를 돕는 도구와 선지식을 섬기는 법 등을 물으라고 하였다.

(4) 구하는 덕德이 광대함을 밝히다

何以故오 善男子야 彼菩薩摩訶薩이 通達一切

菩薩行하며 了知一切衆生心하야 常現其前하야 教

化調伏하며 彼菩薩이 已滿一切波羅蜜하며 已住一

切菩薩地하며

"왜냐하면 선남자여, 저 보살마하살은 모든 보살의 행을 통달하였으며, 모든 중생의 마음을 알고 그 앞에 항상 나타나서 교화하고 조복하며, 저 보살은 모든 바라밀다를 이미 만족하였고, 모든 보살의 지위에 이미 머물렀고,

이증일체보살인   이입일체보살위   이
已證一切菩薩忍하며 已入一切菩薩位하며 已

몽수여구족기   이유일체보살경   이득일
蒙授與具足記하며 已遊一切菩薩境하며 已得一

체불신력   이몽일체여래   이일체지감로법
切佛神力하며 已蒙一切如來가 以一切智甘露法

수   이관기정
水로 而灌其頂일새

모든 보살의 지혜[忍]를 이미 증득하였고, 모든 보살의 지위에 이미 들어갔고, 구족한 수기授記 주심을 이미 받았고, 모든 보살의 경계에 이미 이르렀고, 모든 부처님의 신통한 힘을 이미 얻었고, 모든 여래가 일체 지혜인 감로의 법물로 정수리에 부음을 받았습니다."

또 덕생동자와 유덕동녀는 미륵보살에 대해서 모든 보살의 행을 통달하였으며, 모든 중생의 마음을 알고 그 앞에 항상 나타나서 교화하고 조복하는 등의 덕화가 있음을 소개하였다.

선남자　피선지식　능윤택여제선근　능
善男子야 彼善知識이 能潤澤汝諸善根하며 能

증장여보리심　능견여지　능익여선　능
增長汝菩提心하며 能堅汝志하며 能益汝善하며 能

장여보살근
長汝菩薩根하며

"선남자여, 저 선지식은 그대의 모든 선근을 윤택하게 하고, 그대의 보리심을 증장하게 하고, 그대의 뜻을 견고하게 하고, 그대의 착한 일을 더하게 하고, 그대의 보살의 뿌리를 자라게 하고,

능시여무애법　능령여입보현지　능위
能示汝無礙法하며 能令汝入普賢地하며 能爲

여 설 보 살 원　　능 위 여 설 보 현 행　　능 위 여 설
汝說菩薩願하며 **能爲汝說普賢行**하며 **能爲汝說**

일 체 보 살 행 원 소 성 공 덕
一切菩薩行願所成功德일새니라

　그대에게 걸림 없는 법을 능히 보이고, 그대를 보현
의 지위에 들어가게 하고, 그대에게 보살의 원顧을 말하
고, 그대에게 보현의 행을 말하고, 그대에게 모든 보살
의 행行과 원으로 이룩한 공덕을 말할 것입니다."

　덕생동자와 유덕동녀는 선재동자에게 또 저 선지식은 그
대의 모든 선근을 윤택하게 하고, 그대의 보리심을 증장하
게 하고, 그대의 뜻을 견고하게 하고, 그대의 착한 일을 더
하게 할 것이라고 설명하였다.

(5) 보살의 열 가지 행을 권하다

선 남 자　　여 불 응 수 일 선　　조 일 법　　행 일 행
善男子야 **汝不應修一善**하며 **照一法**하며 **行一行**

발일원　　 득일기　　 주일인　　 생구경상
하며 **發一願**하며 **得一記**하며 **住一忍**하며 **生究竟想**하며

"선남자여, 그대는 응당 한 가지 착한 일을 닦고, 한 가지 법을 비추어 알고, 한 가지 행을 행하고, 한 가지 원을 세우고, 한 가지 수기를 얻고, 한 가지 지혜에 머묾으로써 끝까지 이르렀다는 생각을 내지 말아야 합니다."

덕생동자와 유덕동녀는 선재동자에게 또 보살의 열 가지 행을 권하는데, 첫째 위로는 보리의 행을 구하기를 권하였다. 특히 보살은 한 가지 착한 일을 닦고, 한 가지 법을 비추어 알고, 한 가지 행을 행하고, 한 가지 원을 세우는 생각으로써 끝까지 이르렀다고 여기지 말아야 한다고 경고한다.

불 응 이 한 량 심　　 행 어 육 도　　 주 어 십 지
不應以限量心으로 **行於六度**하며 **住於十地**하며

정 불 국 토　　 사 선 지 식
淨佛國土하며 **事善知識**이니라

"응당 한정된 마음으로 여섯 바라밀다를 행하여 십지十地에 머물러서 부처님의 국토를 깨끗이 하거나 선지식을 섬기지 말아야 합니다."

또 선지식을 섬기는데 어떤 마음이든지 한정된 마음으로 섬겨서는 안 된다고 경고한다.

하 이 고   선 남 자   보 살 마 하 살   응 종 무 량 제
何以故오 **善男子**야 **菩薩摩訶薩**이 **應種無量諸**

선 근   응 집 무 량 보 리 구   응 수 무 량 보 리 인
善根하며 **應集無量菩提具**하며 **應修無量菩提因**하며

응 학 무 량 교 회 향
應學無量巧廻向하라

"무슨 까닭입니까. 선남자여, 보살마하살은 응당 한량없는 모든 착한 뿌리를 심어야 하며, 응당 한량없는 보리의 도구를 모아야 하며, 응당 한량없는 보리의 인因을 닦아야 하며, 응당 한량없는 교묘한 회향을 배워야 합니다."

보살마하살은 응당 한정된 마음으로 선지식을 섬겨서는
안 되는 까닭을 밝혔다.

응 화 무 량 중 생 계 　　응 지 무 량 중 생 심 　　응
應化無量衆生界하며 **應知無量衆生心**하며 **應**

지 무 량 중 생 근 　　응 식 무 량 중 생 해 　　응 관 무 량
知無量衆生根하며 **應識無量衆生解**하며 **應觀無量**

중 생 행 　　응 조 복 무 량 중 생
衆生行하며 **應調伏無量衆生**하라

"응당 한량없는 중생세계를 교화해야 하며, 응당 한
량없는 중생의 마음을 알아야 하며, 응당 한량없는 중
생의 근성을 알아야 하며, 응당 한량없는 중생의 지혜
를 알아야 하며, 응당 한량없는 중생의 행을 보아야 하
며, 응당 한량없는 중생을 조복해야 합니다."

보살의 열 가지 행을 권하는 가운데 둘째는 아래로 중생
을 제도하는 행을 밝혔다. 즉 응당 한량없는 중생세계를 교
화해야 하며, 응당 한량없는 중생의 마음을 알아야 하는 것

등이다.

응단무량번뇌　　응정무량업습　　응멸무
應斷無量煩惱하며　應淨無量業習하며　應滅無

량사견　　응제무량잡염심　　응발무량청정
量邪見하며　應除無量雜染心하며　應發無量淸淨

심　　응발무량고독전
心하며　應拔無量苦毒箭하며

"응당 한량없는 번뇌를 끊어야 하며, 응당 한량없는
업의 버릇을 깨끗이 해야 하며, 응당 한량없는 나쁜 소
견을 없애야 하며, 응당 한량없는 물든 마음을 없애야
하며, 응당 한량없는 깨끗한 마음을 내어야 하며, 응당
한량없는 괴로움의 독한 화살을 뽑아야 하며,

응후무량애욕해　　응파무량무명암　　응
應涸無量愛欲海하며　應破無量無明暗하며　應

최무량아만산　　응단무량생사박　　응도무량
摧無量我慢山하며　應斷無量生死縛하며　應度無量

제 유 류 　 　 응 갈 무 량 수 생 해
諸有流하며 **應竭無量受生海**하라

　응당 한량없는 애욕 바다를 말려야 하며, 응당 한량
없는 무명의 어둠을 깨뜨려야 하며, 응당 한량없는 교
만의 산을 부수어야 하며, 응당 한량없는 생사의 결박
을 끊어야 하며, 응당 한량없는 존재[有]의 강을 건너야
하며, 응당 한량없이 태어나는 바다를 말려야 합니다.”

　보살의 열 가지 행을 권하는 가운데 셋째는 미혹의 장애
를 끊는 행을 밝혔다. 번뇌와 업과 나쁜 소견과 물든 마음
등을 제하기를 권하였다.

　응 령 무 량 중 생 　 　 출 오 욕 어 니 　 　 응 사 무 량
應令無量衆生으로 **出五欲淤泥**하며 **應使無量**

중 생 　 이 삼 계 뇌 옥 　 　 응 치 무 량 중 생 어 성 도
衆生으로 **離三界牢獄**하며 **應置無量衆生於聖道**

중
中하라

"응당 한량없는 중생들을 다섯 가지 욕망의 진창에서 벗어나게 하며, 응당 한량없는 중생들을 세 세계의 감옥에서 벗어나게 하며, 응당 한량없는 중생들을 성인聖人의 길에 있게 해야 합니다."

넷째는 중생들에게 번뇌와 생사로부터 벗어나는 행을 권하는 내용이다.

응 소 멸 무 량 탐 욕 행　　응 정 치 무 량 진 에 행
應消滅無量貪欲行하며 應淨治無量瞋恚行하며

응 최 파 무 량 우 치 행　　응 초 무 량 마 망　　응 리 무
應摧破無量愚癡行하며 應超無量魔網하며 應離無

량 마 업
量魔業하며

"응당 한량없는 탐욕의 행을 소멸시켜야 하며, 응당 한량없는 성내는 행을 깨끗이 다스려야 하며, 응당 한량없는 어리석은 행을 깨뜨려야 하며, 응당 한량없는 마魔의 그물을 초월해야 하며, 응당 한량없는 마의 업業을 여의어야 하며,

응정치보살무량욕락   응증장보살무량방
應淨治菩薩無量欲樂하며 應增長菩薩無量方

편   응출생보살무량증상근   응명결보살
便하며 應出生菩薩無量增上根하며 應明潔菩薩

무량결정해
無量決定解하며

응당 보살의 한량없는 욕망을 다스려야 하며, 응당
보살의 한량없는 방편을 증장해야 하며, 응당 보살의
한량없이 더 올라가는 뿌리를 출생해야 하며, 응당 보
살의 한량없는 결정한 지혜를 밝혀야 하며,

응취입보살무량평등   응청정보살무량공
應趣入菩薩無量平等하며 應淸淨菩薩無量功

덕   응수치보살무량제행   응시현보살무
德하며 應修治菩薩無量諸行하며 應示現菩薩無

량수순세간행
量隨順世間行하라

응당 보살의 한량없는 평등에 들어가야 하며, 응당
보살의 한량없는 공덕을 깨끗이 해야 하며, 응당 보살

의 한량없는 행들을 닦아야 하며, 응당 보살의 한량없는 세간을 따르는 행을 나타내어야 합니다."

다섯째는 스스로 근성과 욕망의 행을 텅 비워서 청정하게 하는 행을 밝혔다. 즉 응당 한량없는 탐욕의 행을 소멸시켜야 하며, 응당 한량없는 성내는 행을 깨끗이 다스려야 하며, 응당 한량없는 어리석은 행을 깨뜨려야 하는 것 등이다.

응 생 무 량 정 신 력   응 주 무 량 정 진 력   응
應生無量淨信力하며 應住無量精進力하며 應

정 무 량 정 념 력   응 만 무 량 삼 매 력   응 기 무
淨無量正念力하며 應滿無量三昧力하며 應起無

량 정 혜 력
量淨慧力하며

"응당 한량없이 믿는 힘을 내어야 하며, 응당 한량없이 정진하는 힘에 머물러야 하며, 응당 한량없는 바르게 생각하는 힘을 깨끗이 해야 하며, 응당 한량없는 삼매의 힘을 채워야 하며, 응당 한량없는 깨끗한 지혜의

힘을 일으켜야 하며,

응 건 무 량 승 해 력　　　응 집 무 량 복 덕 력　　　응

應堅無量勝解力하며 **應集無量福德力**하며 **應**

장 무 량 지 혜 력　　　응 발 기 무 량 보 살 력　　　응 원 만

長無量智慧力하며 **應發起無量菩薩力**하며 **應圓滿**

무 량 여 래 력

無量如來力하라

　　응당 한량없는 수승하게 이해하는 힘을 굳게 해야
하며, 응당 한량없는 복덕의 힘을 모아야 하며, 응당 한
량없는 지혜의 힘을 길러야 하며, 응당 한량없는 보살
의 힘을 일으켜야 하며, 응당 한량없는 여래의 힘을 원
만히 해야 합니다."

　　여섯째는 힘의 작용을 자유자재하게 행해야 함을 밝혔
다. 이를테면 한량없이 믿는 힘을 내어야 하며, 한량없이 정
진하는 힘에 머물러야 하며, 한량없는 바르게 생각하는 힘
을 깨끗이 해야 하는 것 등이다.

응 분 별 무 량 법 문　　　응 요 지 무 량 법 문　　　응
應分別無量法門하며 **應了知無量法門**하며 **應**

청 정 무 량 법 문　　　응 생 무 량 법 광 명　　　응 작 무
淸淨無量法門하며 **應生無量法光明**하며 **應作無**

량 법 조 요　　　응 조 무 량 품 류 근　　　응 지 무 량 번
量法照耀하며 **應照無量品類根**하며 **應知無量煩**

뇌 병　　　응 집 무 량 묘 법 약　　　응 요 무 량 중 생 질
惱病하며 **應集無量妙法藥**하며 **應療無量衆生疾**하라

　"응당 한량없는 법문을 분별해야 하며, 응당 한량없
는 법문을 분명히 알아야 하며, 응당 한량없는 법문을
청정하게 해야 하며, 응당 한량없는 법의 광명을 내어야
하며, 응당 한량없는 법의 비춤을 지어야 하며, 응당 한
량없는 종류의 뿌리를 비추어야 하며, 응당 한량없는 번
뇌의 병을 알아야 하며, 응당 한량없는 묘한 법약을 모
아야 하며, 응당 한량없는 중생의 병을 고쳐야 합니다."

　일곱째는 법을 거두어 미혹을 다스리는 행을 밝혔다. 즉
한량없는 법문을 분별하고, 한량없는 법문을 분명히 알고,
한량없는 법문을 청정하게 해야 하는 것 등이다.

응엄판무량감로공　　　응왕예무량불국토
應嚴辦無量甘露供하며 應往詣無量佛國土하며

응공양무량제여래　　응입무량보살회　　응
應供養無量諸如來하며 應入無量菩薩會하며 應

수무량제불교　　응인무량중생죄　　응멸무
受無量諸佛教하며 應忍無量衆生罪하며 應滅無

량악도난　　응령무량중생　　생선도　　응이
量惡道難하며 應令無量衆生으로 生善道하며 應以

사섭　　섭무량중생
四攝으로 攝無量衆生하라

"응당 한량없는 감로의 공양을 잘 장만해야 하며, 응당 한량없는 부처님 국토에 가야 하며, 응당 한량없는 여래에게 공양해야 하며, 응당 한량없는 보살의 모임에 들어가야 하며, 응당 한량없는 부처님의 교화를 받아야 하며, 응당 한량없는 중생의 죄를 참아야 하며, 응당 한량없는 나쁜 길의 고난을 없애야 하며, 응당 한량없는 중생을 선한 길에 나게 해야 하며, 응당 네 가지 거두어 주는 법으로 한량없는 중생을 거두어 주어야 합니다."

여덟째는 부처님께 공양하고 중생들을 섭수하는 행을 밝

했다. 즉 한량없는 감로의 공양을 잘 장만해야 하며, 한량 없는 부처님 국토에 가야 하며, 한량없는 여래에게 공양해야 하는 것 등이다.

응 수 무 량 총 지 문　　응 생 무 량 대 원 문　　응
應修無量總持門하며 應生無量大願門하며 應

수 무 량 대 자 대 원 력　　응 근 구 무 량 법　　상 무
修無量大慈大願力하며 應勤求無量法하야 常無

휴 식　　응 기 무 량 사 유 력
休息하며 應起無量思惟力하며

"응당 한량없는 다라니의 문을 닦으며, 응당 한량없 는 큰 서원의 문을 내며, 응당 한량없이 크게 인자하고 크게 서원하는 힘을 닦으며, 응당 한량없는 법을 부지 런히 구하여 항상 쉬지 않으며, 응당 한량없이 생각하 는 힘을 일으키며,

응 기 무 량 신 통 사　　응 정 무 량 지 광 명　　응
應起無量神通事하며 應淨無量智光明하며 應

왕 무 량 중 생 취　　　응 수 무 량 제 유 생　　　응 현 무
往無量衆生趣하며 **應受無量諸有生**하며 **應現無**

량 차 별 신　　　응 지 무 량 언 사 법
量差別身하며 **應知無量言辭法**하라

　　응당 한량없이 신통한 일을 일으키며, 응당 한량없
는 지혜의 광명을 깨끗이 하며, 응당 한량없는 중생의
길에 나아가며, 응당 한량없는 모든 존재에 태어나며,
응당 한량없이 차별한 몸을 나타내며, 응당 한량없는
말을 알아야 합니다."

　　응 입 무 량 차 별 심　　　응 지 보 살 대 경 계　　　응
應入無量差別心하며 **應知菩薩大境界**하며 **應**

주 보 살 대 궁 전　　　응 관 보 살 심 심 묘 법　　　응 지
住菩薩大宮殿하며 **應觀菩薩甚深妙法**하며 **應知**

보 살 난 지 경 계　　　응 행 보 살 난 행 제 행　　　응 구
菩薩難知境界하며 **應行菩薩難行諸行**하며 **應具**

보 살 존 중 위 덕　　　응 천 보 살 난 입 정 위
菩薩尊重威德하며 **應踐菩薩難入正位**하며

　　"응당 한량없이 차별한 마음에 들어가야 하며, 응당

보살의 큰 경계를 알아야 하며, 응당 보살의 큰 궁전에 머물러야 하며, 응당 보살의 깊고 미묘한 법을 보아야 하며, 응당 보살의 알기 어려운 경계를 알아야 하며, 응당 보살의 행하기 어려운 여러 가지 행을 행해야 하며, 응당 보살의 존중한 위의威儀와 덕을 갖추어야 하며, 응당 보살의 들어가기 어려운 바른 지위에 나아가야 합니다."

아홉째는 자비와 서원이 깊고 넓은 행을 밝혔다. 즉 한량없는 다라니의 문을 닦으며, 한량없는 큰 서원의 문을 내며, 한량없이 크게 인자하고 크게 서원하는 힘을 닦는 것 등이다.

응 지 보 살 종 종 제 행   응 현 보 살 보 변 신 력
應知菩薩種種諸行하며 應現菩薩普徧神力하며

응 수 보 살 평 등 법 운   응 광 보 살 무 변 행 망
應受菩薩平等法雲하며 應廣菩薩無邊行網하며

응 만 보 살 무 변 제 도   응 수 보 살 무 량 기 별
應滿菩薩無邊諸度하며 應受菩薩無量記莂하며

"응당 보살의 갖가지 행을 알아야 하며, 응당 보살의 두루 한 신통의 힘을 나타내어야 하며, 응당 보살의 평등한 법 구름을 받아야 하며, 응당 보살의 그지없는 행의 그물을 넓혀야 하며, 응당 보살의 그지없는 바라밀다를 만족해야 하며, 응당 보살의 한량없는 수기를 받아야 하며,

응 입 보 살 무 량 인 문　　응 치 보 살 무 량 제 지
應入菩薩無量忍門하며 應治菩薩無量諸地하며

응 정 보 살 무 량 법 문　　응 동 제 보 살　안 주 무 변
應淨菩薩無量法門하며 應同諸菩薩의 安住無邊

겁　　공 양 무 량 불　　엄 정 불 가 설 불 국 토　　출
劫하야 供養無量佛하며 嚴淨不可說佛國土하며 出

생 불 가 설 보 살 원
生不可說菩薩願이니라

응당 보살의 한량없는 지혜의 문에 들어가야 하며, 응당 보살의 한량없는 지위를 다스려야 하며, 응당 보살의 한량없는 법문을 깨끗이 해야 하며, 응당 보살들이 그지없는 겁에 안주하면서 한량없는 부처님께 공양

하고 말할 수 없는 부처님 국토를 깨끗이 장엄하고 말할 수 없는 보살의 서원을 출생하는 것을 같이해야 합니다."

열째는 원만한 데 증득해 들어가는 행을 밝혔다. 보살의 갖가지 행을 알아야 하며, 보살의 두루 한 신통의 힘을 나타내어야 하며, 보살의 평등한 법 구름을 받아야 하는 것 등이다.

선 남 자　거 요 언 지　　응 보 수 일 체 보 살 행
善男子야 擧要言之컨댄 應普修一切菩薩行하며

응 보 화 일 체 중 생 계　　응 보 입 일 체 겁　　응 보 생
應普化一切衆生界하며 應普入一切劫하며 應普生

일 체 처　　응 보 지 일 체 세
一切處하며 應普知一切世하며

"선남자여, 요점을 들어 말하면 응당 모든 보살의 행을 두루 닦아야 하고, 응당 모든 중생세계를 두루 교화해야 하고, 응당 모든 겁에 두루 들어가야 하고, 응당

모든 곳에 두루 태어나야 하고, 응당 모든 세상을 두루
알아야 하고,

응 보 행 일 체 법　　　응 보 정 일 체 찰　　　응 보 만
應普行一切法하며 應普淨一切刹하며 應普滿

일 체 원　　　응 보 공 일 체 불　　　응 보 동 일 체 보 살
一切願하며 應普供一切佛하며 應普同一切菩薩

원　　　응 보 사 일 체 선 지 식
願하며 應普事一切善知識이니라

　　응당 모든 법을 두루 행해야 하고, 응당 모든 세계를
두루 깨끗이 해야 하고, 응당 모든 소원을 두루 채워야
하고, 응당 모든 부처님께 두루 공양해야 하고, 응당 모
든 보살의 원과 두루 같아야 하고, 응당 모든 선지식을
두루 섬겨야 합니다."

　　마지막으로 간략한 뜻을 맺어서 넓은 뜻을 나타내었다.
앞에서 설명한 내용뿐만 아니라 모든 보살의 행을 두루 닦
아야 하고, 모든 중생세계를 두루 교화해야 하고, 모든 겁에

두루 들어가야 하는 것 등을 밝혔다.

(6) 선지식을 구하여 섬기기를 권하다

善男子_야 汝求善知識_에 不應疲倦_{하며} 見善知

識_에 勿生厭足_{하며} 請問善知識_에 勿憚勞苦_{하며} 親

近善知識_에 勿懷退轉_{하며} 供養善知識_에 不應休

息_{하며}

"선남자여, 그대는 선지식을 구하기를 게을리하지 말아야 하나니, 선지식을 보고 싫어함을 내지 말며, 선지식에게 묻기를 수고로워하지 말며, 선지식을 친근하되 물러날 생각을 내지 말며, 선지식에게 공양하기를 쉬지 말아야 하며,

수선지식교　불응도착　학선지식행　불
受善知識教에 不應倒錯하며 學善知識行에 不

응의혹　문선지식연설출리문　불응유예
應疑惑하며 聞善知識演說出離門에 不應猶豫하며

견선지식수순번뇌행　물생혐괴　어선지식
見善知識隨順煩惱行에 勿生嫌怪하고 於善知識

소　생심신존경심　불응변개
所에 生深信尊敬心하야 不應變改니라

　선지식의 가르침을 받되 잘못되고 착오됨이 없어야
하며, 선지식의 행을 배우되 의심하지 말며, 선지식의
벗어나는 문을 말함을 듣고 망설이지 말며, 선지식의
번뇌를 따르는 행을 보고 싫어하고 의심하지 말며, 선
지식을 깊이 믿고 존경하는 마음이 변하지 말아야 합
니다."

　덕생동자와 유덕동녀는 선재동자에게 보살의 열 가지 행
을 권하고 나서 다시 선지식을 구하여 섬기기를 권하였다.
다음의 선지식인 미륵보살을 찾기를 권하면서 특별히 선지
식에 대한 중요성을 강조하는 내용이 매우 많다. 즉 선지식

구하기를 게을리하지 말아야 하나니, 선지식을 보고 싫어함을 내지 말며, 선지식에게 묻기를 수고로워하지 말며, 선지식을 친근하되 물러날 생각을 내지 말아야 하는 것 등을 널리 밝혔다.

(7) 선지식을 인하여 얻는 이익을 밝히다

何以故오 善男子야 菩薩이 因善知識하야 聽聞

一切菩薩諸行하며 成就一切菩薩功德하며 出生

一切菩薩大願하며 引發一切菩薩善根하며

"무슨 까닭입니까. 선남자여, 보살이 선지식을 인하여 일체 보살의 모든 행을 들으며, 일체 보살의 공덕을 성취하며, 일체 보살의 큰 원을 내며, 일체 보살의 착한 뿌리를 이끌어 내게 됩니다."

적 집 일 체 보 살 조 도　　개 발 일 체 보 살 법 광 명
積集一切菩薩助道하며 開發一切菩薩法光明

　　　현 시 일 체 보 살 출 리 문　　수 학 일 체 보 살 청
하며 顯示一切菩薩出離門하며 修學一切菩薩淸

정 계　　안 주 일 체 보 살 공 덕 법
淨戒하며 安住一切菩薩功德法하며

"일체 보살의 도를 돕는 일을 모으며, 일체 보살의
법의 광명을 열어 밝히며, 일체 보살의 뛰어나는 문을
드러내 보이며, 일체 보살의 청정한 계율을 닦으며, 일
체 보살의 공덕 법에 머물며,

　　　청 정 일 체 보 살 광 대 지　　증 장 일 체 보 살 견 고
淸淨一切菩薩廣大志하며 增長一切菩薩堅固

심　　구 족 일 체 보 살 다 라 니 변 재 문　　득 일 체
心하며 具足一切菩薩陀羅尼辯才門하며 得一切

보 살 청 정 장　　생 일 체 보 살 정 광 명
菩薩淸淨藏하며 生一切菩薩定光明하며

일체 보살의 광대한 뜻을 청정하게 하며, 일체 보살
의 견고한 마음을 증장하며, 일체 보살의 다라니와 변

재의 문을 구족하며, 일체 보살의 청정한 갈무리를 얻으며, 일체 보살의 선정의 광명을 내며,

득일체보살수승원　여일체보살동일원
得一切菩薩殊勝願하며 與一切菩薩同一願하며

문일체보살수승법　득일체보살비밀처　지
聞一切菩薩殊勝法하며 得一切菩薩秘密處하며 至

일체보살법보주　증일체보살선근아
一切菩薩法寶洲하며 增一切菩薩善根芽하며

일체 보살의 훌륭한 서원을 얻으며, 일체 보살과 동일하게 서원하며, 일체 보살의 훌륭한 법을 들으며, 일체 보살의 비밀한 곳을 얻으며, 일체 보살의 법보法寶의 섬에 이르며, 일체 보살의 착한 뿌리의 싹을 늘게 하며,

장일체보살지혜신　호일체보살심밀장
長一切菩薩智慧身하며 護一切菩薩深密藏하며

지일체보살복덕취　정일체보살수생도　수
持一切菩薩福德聚하며 淨一切菩薩受生道하며 受

일 체 보 살 정 법 운　　입 일 체 보 살 대 원 로
一切菩薩正法雲하며 入一切菩薩大願路하며

　일체 보살의 지혜의 몸을 자라게 하며, 일체 보살의
깊고 비밀한 갈무리를 보호하며, 일체 보살의 복덕 더
미를 가지며, 일체 보살의 태어나는 길을 깨끗이 하며,
일체 보살의 바른 법의 구름을 받으며, 일체 보살의 큰
서원의 길에 들어가며,

　　취 일 체 여 래 보 리 과　　섭 취 일 체 보 살 묘 행
　趣一切如來菩提果하며 攝取一切菩薩妙行하며

개 시 일 체 보 살 공 덕　　왕 일 체 방　　청 수 묘 법
開示一切菩薩功德하며 往一切方하야 聽受妙法하며

찬 일 체 보 살 광 대 위 덕
讚一切菩薩廣大威德하며

　일체 여래의 보리의 결과에 나아가며, 일체 보살의
묘한 행을 거두어 가지며, 일체 보살의 공덕을 열어 보
이며, 여러 지방에 가서 묘한 법을 들으며, 일체 보살의
광대한 위엄과 공덕을 찬탄하며,

생 일 체 보 살 대 자 비 력   섭 일 체 보 살 승 자 재
生一切菩薩大慈悲力_{하며} **攝一切菩薩勝自在**

력   생 일 체 보 살 보 리 분   작 일 체 보 살 이 익
力_{하며} **生一切菩薩菩提分**_{하며} **作一切菩薩利益**

사
事_{니라}

일체 보살의 크게 자비한 힘을 내며, 일체 보살의 훌
륭하고 자재한 힘을 거두어 가지며, 일체 보살의 보리
의 부분을 내며, 일체 보살의 이익하게 하는 일을 짓습
니다."

덕생동자와 유덕동녀는 선지식을 인하여 여러 가지 이익
을 얻게 됨을 밝혔다. 불법의 견해로 알 수 있는 인간의 모든
이익은 일체가 선지식의 가르침을 인하여 얻게 된다. 어찌 선
지식의 바른 가르침을 인하지 않고 뛰어난 이익을 얻을 수
있겠는가. 그러나 오늘날 선지식이라고 한다면 달리 생각할
것은 없다. 말세에 거론되는 이런저런 사람 선지식을 의지하
기란 의심이 되는 점도 많고 어려움도 적지 않다. 오로지 이
화엄경의 가르침을 진정한 선지식이라고 믿고 따른다면 결

코 과오가 없을 것이다.

(8) 선지식이 외호함을 밝히다

善男子_야 菩薩_이 由善知識任持_{하야} 不墮惡趣

_{하며} 由善知識攝受_{하야} 不退大乘_{하며} 由善知識護

念_{하야} 不毀犯菩薩戒_{하며}

"선남자여, 보살이 선지식의 유지함을 말미암아 나쁜 길에 떨어지지 않으며, 선지식의 거두어 줌을 말미암아 대승에서 물러나지 않으며, 선지식의 염려함을 말미암아 보살의 계율을 범하지 않습니다."

由善知識守護_{하야} 不隨逐惡知識_{하며} 由善知

識養育_{하야} 不缺減菩薩法_{하며} 由善知識攝取_{하야}

초 월 범 부 지
超越凡夫地하며

　"선지식의 수호함을 말미암아 나쁜 벗을 따르지 않으며, 선지식의 길러 줌을 말미암아 보살의 법에 어그러짐이 없으며, 선지식의 붙들어 줌을 말미암아 범부의 자리를 초월하며,

　유 선 지 식 교 회　　초 월 이 승 지　　유 선 지 식
由善知識教誨하야 **超越二乘地**하며 **由善知識**

시 도　　　득 출 리 세 간　　유 선 지 식 장 양　　능 불
示導하야 **得出離世間**하며 **由善知識長養**하야 **能不**

염 세 법　　유 승 사 선 지 식　　수 일 체 보 살 행
染世法하며 **由承事善知識**하야 **修一切菩薩行**하며

　선지식의 가르침을 말미암아 이승二乘의 지위를 초월하며, 선지식의 지도를 말미암아 세간에 뛰어나며, 선지식의 길러 줌을 말미암아 세상 법에 물들지 않으며, 선지식을 섬김을 말미암아 일체 보살의 행을 닦으며,

유공양선지식　　구일체조도법　　유친근
由供養善知識하야 具一切助道法하며 由親近

선지식　　불위업혹지소최복　　유시호선지
善知識하야 不爲業惑之所摧伏하며 由恃怙善知

식　　세력견고　　불포제마　　유의지선지식
識하야 勢力堅固하야 不怖諸魔하며 由依止善知識

증장일체보리분법
하야 增長一切菩提分法하나니라

　선지식께 공양함을 말미암아 일체 도道를 돕는 법을
갖추며, 선지식을 친근함을 말미암아 업과 번뇌에 좌절
되지 않으며, 선지식을 믿음을 말미암아 세력이 견고하
여 모든 마군을 무서워하지 않으며, 선지식을 의지함을
말미암아 일체 보리의 부분법을 증장하게 됩니다."

　선지식을 의지하고 선지식을 따르고 선지식의 가르침을
배우고 선지식을 공경하고 공양하고 찬탄함으로 선지식은
일체 보살을 외호하고 모든 법을 다 책임지게 된다. 실로 선
지식이야말로 불법의 모든 것을 다 맡은 분이다. 이 화엄경
선지식은 곧 그와 같은 분이다.

(9) 선지식이 하는 일을 밝히다

하 이 고   선 남 자   선 지 식 자   능 정 제 장
何以故오 善男子야 善知識者는 能淨諸障하며

능 멸 제 죄   능 제 제 난   능 지 제 악   능 파 무
能滅諸罪하며 能除諸難하며 能止諸惡하며 能破無

명 장 야 흑 암
明長夜黑暗하며

"무슨 까닭입니까. 선남자여, 선지식은 능히 모든 장
애를 깨끗이 하며, 능히 모든 죄를 소멸하며, 능히 모든
어려움을 없애며, 능히 모든 악한 짓을 그치게 하며, 능
히 무명의 캄캄한 밤을 깨뜨립니다."

능 괴 제 견 견 고 뇌 옥   능 출 생 사 성   능 사
能壞諸見堅固牢獄하며 能出生死城하며 能捨

세 속 가   능 절 제 마 망   능 발 중 고 전   능 리
世俗家하며 能截諸魔網하며 能拔衆苦箭하며 能離

무 지 험 난 처
無智險難處하며

"능히 모든 소견의 견고한 옥을 부수며, 능히 생사의

성城에서 나오게 하며, 능히 세속의 집을 버리게 하며, 능히 마의 그물을 찢으며, 능히 괴로운 화살을 뽑으며, 능히 무지하고 험난한 곳을 여의게 합니다."

능 출 사 견 대 광 야　　　능 도 제 유 류　　　능 이 제
能出邪見大曠野하며 能度諸有流하며 能離諸

사 도　　　능 시 보 리 로　　　능 교 보 살 법　　　능 령 안
邪道하며 能示菩提路하며 能敎菩薩法하며 能令安

주 보 살 행
住菩薩行하며

"능히 삿된 소견의 벌판에서 헤어나게 하며, 능히 모든 존재의 강을 건너게 하며, 능히 모든 삿된 길을 여의게 하며, 능히 보리의 길을 보여 주며, 능히 보살의 법을 가르치며, 능히 보살의 행에 편안히 머물게 합니다."

능 령 취 향 일 체 지　　　능 정 지 혜 안　　　능 장 보
能令趣向一切智하며 能淨智慧眼하며 能長菩

리 심 　　 능 생 대 비 　　 능 연 묘 행 　　 능 설 바 라 밀
提心하며 能生大悲하며 能演妙行하며 能說波羅蜜

　 능 빈 악 지 식
하며 能擯惡知識하며

"능히 일체 지혜로 나아가게 하며, 능히 지혜의 눈을
깨끗하게 하며, 능히 보리심을 자라게 하며, 능히 크게
가엾이 여김을 내며, 능히 묘한 행을 연설하며, 능히 바
라밀다를 말하며, 능히 나쁜 동무를 배척합니다."

　　 능 령 주 제 지 　　 능 령 획 제 인 　　 능 령 수 습 일
能令住諸地하며 能令獲諸忍하며 能令修習一

체 선 근 　　 능 령 성 판 일 체 도 구 　　 능 시 여 일 체
切善根하며 能令成辦一切道具하며 能施與一切

대 공 덕 　　 능 령 도 일 체 종 지 위
大功德하며 能令到一切種智位하며

"능히 모든 지위에 머물게 하며, 능히 모든 참음을
얻게 하며, 능히 모든 착한 뿌리를 닦아 익히게 하며,
능히 모든 도道를 닦는 기구를 장만하게 하며, 능히 모
든 큰 공덕을 베풀어 주며, 능히 일체 지혜의 자리에 이

르게 합니다."

능령환희집공덕　　능령용약수제행　　능
能令歡喜集功德하며 能令踊躍修諸行하며 能

령취입심심의　　능령개시출리문　　능령두절
令趣入甚深義하며 能令開示出離門하며 能令杜絶

제악도　　능령이법광조요
諸惡道하며 能令以法光照耀하며

"능히 기뻐서 공덕을 모으게 하며, 능히 뛰놀면서 모
든 행을 닦게 하며, 능히 깊고 깊은 이치에 들어가게 하
며, 능히 벗어나는 문을 열어 보이게 하며, 능히 나쁜
길을 막아 버리게 하며, 능히 법의 광명으로 비추게 합
니다."

능령이법우윤택　　능령소멸일체혹　　능
能令以法雨潤澤하며 能令消滅一切惑하며 能

령사리일체견　　능령증장일체불지혜　　능
令捨離一切見하며 能令增長一切佛智慧하며 能

령 안 주 일 체 불 법 문
令安住一切佛法門이니라

　"능히 진리[法]의 비로 윤택하게 하며, 능히 모든 의혹을 소멸하게 하며, 능히 모든 소견을 버리게 하며, 능히 모든 부처님의 지혜를 자라게 하며, 능히 모든 부처님의 법문에 편안히 머물게 합니다."

　덕생동자와 유덕동녀 선지식은 모든 선지식이 하는 일을 낱낱이 열거하여 밝혔다. 즉 선지식은 능히 모든 장애를 깨끗이 하며, 능히 모든 죄를 소멸하며, 능히 모든 어려움을 없애며, 능히 모든 악한 짓을 그치게 하며, 능히 무명의 캄캄한 밤을 깨뜨리는 등의 일을 하신다.

　(10) 선지식의 수승한 덕을 밝히다

선 남 자 　선 지 식 자 　여 자 모 　출 생 불 종 고
善男子야 **善知識者**는 **如慈母**니 **出生佛種故**며

여 자 부 　광 대 이 익 고 　여 유 모 　수 호 불 령 작 악
如慈父니 **廣大利益故**며 **如乳母**니 **守護不令作惡**

고 여교사 시기보살소학고
故며 **如教師**니 **示其菩薩所學故**며

"선남자여, 선지식은 인자하신 어머니와 같으니 부처님의 종자를 내는 연고며, 인자하신 아버지와 같으니 광대하게 이익하게 하는 연고며, 유모乳母와 같으니 보호하여 나쁜 짓을 짓지 못하게 하는 연고며, 스승과 같으니 보살의 배울 것을 보여 주는 연고입니다."

여선도 능시바라밀도고 여양의 능치번
如善導니 **能示波羅蜜道故**며 **如良醫**니 **能治煩**

뇌제병고 여설산 증장일체지약고 여용
惱諸病故며 **如雪山**이니 **增長一切智藥故**며 **如勇**

장 진제일체포외고
將이니 **殄除一切怖畏故**며

"좋은 안내자와 같으니 바라밀다의 길을 보여 주는 연고며, 좋은 의사와 같으니 번뇌의 병을 치료하는 연고며, 설산과 같으니 일체 지혜의 약을 자라게 하는 연고며, 용맹한 장수와 같으니 모든 두려움을 제거하는 연고입니다."

여제객　　영출생사폭류고　　여선사　영도
如濟客이니 **令出生死暴流故**며 **如船師**니 **令到**

지혜보주고　　선남자　상당여시정념사유제선
智慧寶洲故라 **善男子**야 **常當如是正念思惟諸善**

지식
知識이니라

"강을 건네주는 사람과 같으니 생사의 빠른 물에서
벗어 나오게 하는 연고며, 뱃사공과 같으니 지혜의 보
배 섬에 이르게 하는 연고입니다. 선남자여, 항상 마땅
히 이와 같은 바른 생각으로 오직 모든 선지식을 생각
해야 합니다."

선지식을 세상의 어떤 사람으로 비유할까. 그것을 낱낱
이 들어 열거하였다. 선지식은 인자하신 어머니와 같고 인자
하신 아버지와 같고 유모와 같고 스승과 같다는 것 등을 들
었다.

(11) 선지식 섬기는 마음을 밝히다

부차선남자 여승사일체선지식 응발여대
復次善男子야 汝承事一切善知識에 應發如大

지심 하부중임 무피권고 응발여금강심
地心이니 荷負重任호대 無疲倦故며 應發如金剛心

지원견고 불가괴고
이니 志願堅固하야 不可壞故며

"또한 선남자여, 그대가 모든 선지식을 받들어 섬기
는 데는 응당 큰 땅과 같은 마음을 내어야 하나니 무거
운 짐을 지어도 고달프지 않은 연고며, 응당 금강과 같
은 마음을 내어야 하나니 뜻과 소원이 견고하여 깨뜨릴
수 없는 연고입니다."

응발여철위산심 일체제고 무능동고
應發如鐵圍山心이니 一切諸苦가 無能動故며

응발여급시심 소유교령 개수순고 응발
應發如給侍心이니 所有教令을 皆隨順故며 應發

여제자심 소유훈회 무위역고
如弟子心이니 所有訓誨를 無違逆故며

"응당 철위산과 같은 마음을 내어야 하나니 일체 모
든 괴로움으로 요동칠 수 없는 연고며, 응당 시중드는
사람과 같은 마음을 내어야 하나니 시키는 일에 모두
순종하는 연고며, 응당 제자와 같은 마음을 내어야 하
나니 가르치는 일을 어기지 않는 연고입니다."

응발 여 동 복 심   불 염 일 체 제 작 무 고   응 발
應發如僮僕心이니 不厭一切諸作務故며 應發

여 양 모 심   수 제 근 고   불 고 로 고   응 발 여 용
如養母心이니 受諸勤苦호대 不告勞故며 應發如傭

작 심   수 소 수 교   무 위 역 고
作心이니 隨所受敎하야 無違逆故며

"응당 하인들과 같은 마음을 내어야 하나니 여러 가
지 일하는 것을 싫어하지 않는 연고며, 응당 어머니를
봉양함과 같은 마음을 내어야 하나니 여러 가지 괴로
움을 받아도 고달프다 하지 않는 연고며, 응당 머슴살
이 같은 마음을 내어야 하나니 시키는 일을 어기지 않
는 연고입니다."

응발여제분인심　　이교만고　　응발여이숙
應發如除糞人心이니 離憍慢故며 應發如已熟

가심　　능저하고　　응발여양마심　　이악성고
稼心이니 能低下故며 應發如良馬心이니 離惡性故

　응발여대거심　　능운중고
며 應發如大車心이니 能運重故며

"응당 거름 치는 사람과 같은 마음을 내어야 하나니
교만을 버리는 연고며, 응당 익은 곡식과 같은 마음을
내어야 하나니 고개를 숙이는 연고며, 응당 양순한 말
과 같은 마음을 내어야 하나니 나쁜 성질을 여의는 연
고며, 응당 큰 수레와 같은 마음을 내어야 하나니 무거
운 짐을 운반하는 연고입니다."

응발여조순상심　　항복종고　　응발여수미
應發如調順象心이니 恒伏從故며 應發如須彌

산심　　불경동고　　응발여양견심　　불해주고
山心이니 不傾動故며 應發如良犬心이니 不害主故

　응발여전다라심　　이교만고
며 應發如旃荼羅心이니 離憍慢故며

"응당 길든 코끼리 같은 마음을 내어야 하나니 항상 복종하는 연고며, 응당 수미산 같은 마음을 내어야 하나니 흔들리지 않는 연고며, 응당 좋은 개와 같은 마음을 내어야 하나니 주인을 해치지 않는 연고며, 응당 전다라旃茶羅 같은 마음을 내어야 하나니 교만함을 떠난 연고입니다."

전다라旃茶羅는 전타라旃陀羅라고도 한다. 도자屠者·엄치嚴幟·포악暴惡·살자殺者·하성下姓이라 번역한다. 인도 종성種姓의 이름이다. 인도 계급 중에서 가장 하천한 계급으로 백정·옥졸獄卒 등의 비천한 직업에 종사하는 종족이며, 남자는 전타라旃陀羅, 여자는 전타리旃陀利라고 한다.

참고로 인도의 사성四姓은 범어로는 Catvāro-varṇāḥ이다. 고대 인도의 네 가지 계급이지만 지금까지 전해져 온다. 바라문婆羅門·찰제리刹帝利·폐사吠舍·수타라首陀羅 또는 전다라旃茶羅이다. ① 바라문은 종교·문학·전례典禮를 직업으로 하여 가장 높은 자리를 차지한다. ② 찰제리는 바라문 다음가는 지위로 무력으로 토전土田·서민庶民을 거느리고

정치를 하는 왕족과 군인 따위이다. ③ 폐사는 그 밑에서 상 공업에 종사하는 이들이다. ④ 수타라 또는 전다라는 맨 아 래 계급으로 농업·도살屠殺 등 하천한 직업에 종사하는 이 들이다. 이 외에도 불가촉천민不可觸賤民이라 하여 사성에도 들지 못하는 이들이 있다.

응 발 여 개 우 심　　무 위 노 고　　응 발 여 주 선 심
應發如犅牛心이니 **無威怒故**며 **應發如舟船心**

왕 래 불 권 고　　응 발 여 교 량 심　　제 도 망 피 고
이니 **往來不倦故**며 **應發如橋梁心**이니 **濟度忘疲故**

응 발 여 효 자 심　　승 순 안 색 고　　응 발 여 왕 자
며 **應發如孝子心**이니 **承順顔色故**며 **應發如王子**

심　　준 행 교 명 고
心이니 **遵行敎命故**니라

"응당 거세한 소와 같은 마음을 내어야 하나니 성내 는 일이 없는 연고며, 응당 배와 같은 마음을 내어야 하 나니 가고 오는 데 게으르지 않은 연고며, 응당 교량과 같은 마음을 내어야 하나니 건네주면서도 고달픈 줄 모

르는 연고며, 응당 효자와 같은 마음을 내어야 하나니 안
색을 받들어 순종하는 연고며, 응당 왕자와 같은 마음을
내어야 하나니 내리는 명령을 따라 행하는 연고입니다."

　입산 출가하기 위해 사찰에 처음 들어오면 행자行者들만
거처하는 행자실行者室에서 살게 되는데 그곳에는 으레 '하심
下心'이라는 족자가 걸려 있다. 선지식을 섬기는 마음을 밝히
는 내용들이 모두 이 하심에서 벗어나지 않는다. 철저히 하
심하고 지독하게 하심하여 모든 사람 모든 일을 선지식을
받들 듯이 하라는 뜻이다.

(12) 선지식에 대해서 생각하는 법을 밝히다

復次善男子야 汝應於自身에 生病苦想하고 於

善知識에 生醫王想하며 於所說法에 生良藥想하고

於所修行에 生除病想하며

"다시 또 선남자여, 그대는 응당 자기의 몸은 병난 것과 같이 생각하고, 선지식은 의사와 같이 생각하고, 말씀하는 법은 약과 같이 생각하고, 닦는 행은 병이 나은 것과 같이 생각하십시오."

우응어자신   생원행상   어선지식   생도
又應於自身에 生遠行想하고 於善知識에 生導

사상   어소설법   생정도상   어소수행   생
師想하며 於所說法에 生正道想하고 於所修行에 生

원달상
遠達想하며

"또한 응당 자기의 몸은 먼 길 떠난 것과 같이 생각하고, 선지식은 안내하는 사람과 같이 생각하고, 말씀하는 법은 바른 길과 같이 생각하고, 닦는 행은 멀리 도달한 것과 같이 생각하십시오."

우응어자신   생구도상   어선지식   생선
又應於自身에 生求度想하고 於善知識에 生船

사 상　　어 소 설 법　생 주 즙 상　　어 소 수 행　생
師想하며 **於所說法**에 **生舟楫想**하고 **於所修行**에 **生**

도 안 상
到岸想하며

　"또한 응당 자기의 몸은 강을 건너려는 것과 같이 생각하고, 선지식은 뱃사공과 같이 생각하고, 말씀하는 법은 노[楫]와 같이 생각하고, 닦는 행은 언덕에 닿은 것과 같이 생각하십시오."

　　우 응 어 자 신　　생 묘 가 상　　　어 선 지 식　　생 용
又應於自身에 **生苗稼想**하고 **於善知識**에 **生龍**

왕 상　　어 소 설 법　생 시 우 상　　　어 소 수 행　　생
王想하며 **於所說法**에 **生時雨想**하고 **於所修行**에 **生**

성 숙 상
成熟想하며

　"또한 응당 자기의 몸은 곡식의 모종과 같이 생각하고, 선지식은 용왕과 같이 생각하고, 말씀하는 법은 때맞춰 내리는 비와 같이 생각하고, 닦는 행은 곡식이 익는 것과 같이 생각하십시오."

우응어자신　생빈궁상　　어선지식　생비
又應於自身에 生貧窮想하고 於善知識에 生毘

사문왕상　　어소설법　생재보상　　어소수행
沙門王想하며 於所說法에 生財寶想하고 於所修行

　생부요상
에 生富饒想하며

"또한 응당 자기의 몸은 빈궁한 이같이 생각하고, 선
지식은 비사문천왕과 같이 생각하고, 말씀하는 법은 재
물같이 생각하고, 닦는 행은 부자가 된 것과 같이 생각
하십시오."

우응어자신　생제자상　　어선지식　생양
又應於自身에 生弟子想하고 於善知識에 生良

공상　　어소설법　생기예상　　어소수행　생
工想하며 於所說法에 生技藝想하고 於所修行에 生

요지상
了知想하며

"또한 응당 자기의 몸은 제자같이 생각하고, 선지식
은 훌륭한 장인[良工]같이 생각하고, 말씀하는 법은 기

술과 같이 생각하고, 닦는 행은 다 안 것과 같이 생각
하십시오."

又應_우於自身_{어자신}에 生_생恐怖想_{공포상}하고 於善知識_{어선지식}에 生_생勇
健想_{건상}하며 於所說法_{어소설법}에 生_생器仗想_{기장상}하고 於所修行_{어소수행}에 生_생
破怨想_{파원상}하며

"또한 응당 자기의 몸은 무서움에 떠는 것과 같이 생
각하고, 선지식은 용맹한 사람같이 생각하고, 말씀하는
법은 무기같이 생각하고, 닦는 행은 원수를 깨뜨리는
것같이 생각하십시오."

又應_우於自身_{어자신}에 生_생商人想_{상인상}하고 於善知識_{어선지식}에 生_생導
師想_{사상}하며 於所說法_{어소설법}에 生_생珍寶想_{진보상}하고 於所修行_{어소수행}에 生_생

군습 상
捃拾想하며

"또한 응당 자기의 몸은 장사꾼같이 생각하고, 선지식은 길잡이같이 생각하고, 말씀하는 법은 보배와 같이 생각하고, 닦는 행은 주워 모으는 것과 같이 생각하십시오."

우 응 어 자 신　　생 아 자 상　　　어 선 지 식　　생 부
又應於自身에 **生兒子想**하고 **於善知識**에 **生父**

모 상　　어 소 설 법　　생 가 업 상　　　어 소 수 행　　생
母想하며 **於所說法**에 **生家業想**하고 **於所修行**에 **生**

소 계 상
紹繼想하고

"또한 응당 자기의 몸은 아들같이 생각하고, 선지식은 부모같이 생각하고, 말씀하는 법은 살림살이같이 생각하고, 닦는 행은 살림을 맡은 것같이 생각하십시오."

又應於自身에 生王子想하고 於善知識에 生大
臣想하며 於所說法에 生王敎想하고 於所修行에 生
冠王冠想과 服王服想과 繫王繒想과 坐王殿想
이니라

"또한 응당 자기의 몸은 왕자와 같이 생각하고, 선지
식은 대신과 같이 생각하고, 말씀하는 법은 왕의 명령
같이 생각하고, 닦는 행은 왕관을 쓰는 것같이 생각하
고 왕의 옷을 입는 것같이 생각하고 왕이 비단[繒]을 매
는 것같이 생각하고 왕이 궁전에 앉은 것같이 생각하십
시오."

덕생동자와 유덕동녀 선지식은 선재동자에게 선지식을
만났을 때에 위와 같은 열 가지 자세를 잊지 말고 받들어 섬
기기를 당부하였다. 선지식이 얼마나 소중하고 존귀하며 많
은 이익을 베푸는가에 대해서 거듭거듭 일러 주었다. 훌륭한
선지식을 만나는 것은 곧 이미 목적을 달성한 것과 다름없

기 때문이다.

善男子_야 汝應發如是心_{하며} 作如是意_{하야} 近

善知識_{이니} 何以故_오 以如是心_{으로} 近善知識_{하면}

令其志願_{으로} 永得淸淨_{이니라}

"선남자여, 그대는 응당 이와 같은 마음과 이와 같은
뜻으로 선지식을 친근해야 합니다. 왜냐하면 이와 같은
마음으로 선지식을 친근하면 그 뜻과 원이 영원히 청정
함을 얻을 것입니다."

(13) 선지식에 대한 비유를 들다

復次善男子_야 善知識者_는 長諸善根_{이니} 譬如

雪山_이 長諸藥草_{하며}

"다시 또 선남자여, 선지식은 모든 착한 뿌리를 자라게 하나니, 마치 설산에서 모든 약풀이 자라는 것과 같습니다."

선 지 식 자　시 불 법 기　비 여 대 해　탄 납 중 류
善知識者는 是佛法器니 譬如大海가 呑納衆流
하며

"선지식은 부처님 법의 그릇이니, 마치 바다가 여러 강물을 받아들이는 것과 같습니다."

선 지 식 자　시 공 덕 처　비 여 대 해　출 생 중 보
善知識者는 是功德處니 譬如大海가 出生衆寶
하며

"선지식은 공덕이 나는 곳이니, 마치 바다에서 여러 가지 보배가 나는 것과 같습니다."

선지식자　　　정보리심　　　비여맹화　　능연진
善知識者는 **淨菩提心**이니 **譬如猛火**가 **能鍊眞**

금
金하며

"선지식은 보리심을 깨끗이 하나니, 마치 맹렬한 불
이 진금을 단련하는 것과 같습니다."

선지식자　　　출과세법　　　여수미산　　출어대
善知識者는 **出過世法**이니 **如須彌山**이 **出於大**

해
海하며

"선지식은 세간의 법에서 뛰어나나니, 마치 수미산
이 큰 바다에서 솟아나는 것과 같습니다."

선지식자　　　불염세법　　　비여연화　　불착어
善知識者는 **不染世法**이니 **譬如蓮華**가 **不着於**

수
水하며

"선지식은 세상의 법에 물들지 않나니, 마치 연꽃에 물이 묻지 않는 것과 같습니다."

善_선知_지識_식者_자는 不_불受_수諸_제惡_악이니 譬_비如_여大_대海_해가 不_불宿_숙死_사屍_시하며

"선지식은 모든 나쁜 것을 받지 않나니, 마치 큰 바다가 송장을 머물러 두지 않는 것과 같습니다."

善_선知_지識_식者_자는 增_증長_장白_백法_법이니 譬_비如_여白_백月_월이 光_광色_색圓_원滿_만하며

"선지식은 흰 법을 증장하게 하나니, 마치 보름달의 광명이 원만한 것과 같습니다."

선지식자　조명법계　비여성일　조사천하
善知識者는 **照明法界**니 **譬如盛日**이 **照四天下**
하며

"선지식은 법계를 밝게 비추나니, 마치 밝은 해가 사
천하를 비추는 것과 같습니다."

선지식자　　장보살신　　비여부모　　양육아
善知識者는 **長菩薩身**이니 **譬如父母**가 **養育兒**
자
子니라

"선지식은 보살의 몸을 자라게 하나니, 마치 부모가
아이들을 기르는 것과 같습니다."

또 선지식의 온갖 역할에 대해 여러 가지 비유를 들어 밝
혔다. 선지식은 설산과 같고, 선지식은 큰 바다와 같고, 선
지식은 맹렬한 불과 같고, 선지식은 수미산과 같고, 선지식
은 연꽃과 같다는 것 등으로 비유하였다.

(14) 선지식의 가르침을 따르는 이익을 밝히다

善男子_야 以要言之_{컨댄} 菩薩摩訶薩_이 若能隨

順善知識敎_{하면} 得十不可說百千億那由他功德

_{하며} 淨十不可說百千億那由他深心_{하며}

"선남자여, 중요한 것을 말하면 보살마하살이 만일
선지식의 가르침을 따르면 열 곱 말할 수 없는 백천억
나유타 공덕을 얻으며, 열 곱 말할 수 없는 백천억 나유
타 깊은 마음을 깨끗이 하며,

長十不可說百千億那由他菩薩根_{하며} 淨十不

可說百千億那由他菩薩力_{하며} 斷十不可說百千

億阿僧祇障_{하며} 超十不可說百千億阿僧祇魔境

_{하며}

열 곱 말할 수 없는 백천억 나유타 보살 근기를 기르며, 열 곱 말할 수 없는 백천억 나유타 보살의 힘을 깨끗이 하며, 열 곱 말할 수 없는 백천억 아승지 장애障礙를 끊으며, 열 곱 말할 수 없는 백천억 아승지 마魔의 경계를 초월하며,

입 십 불 가 설 백 천 억 아 승 지 법 문　만 십 불 가
入十不可說百千億阿僧祇法門하며 滿十不可

설 백 천 억 아 승 지 조 도　수 십 불 가 설 백 천 억 아
說百千億阿僧祇助道하며 修十不可說百千億阿

승 지 묘 행　발 십 불 가 설 백 천 억 아 승 지 대 원
僧祇妙行하며 發十不可說百千億阿僧祇大願이니라

열 곱 말할 수 없는 백천억 아승지 법문에 들어가며, 열 곱 말할 수 없는 백천억 아승지 도를 돕는 일을 만족하며, 열 곱 말할 수 없는 백천억 아승지 묘한 행을 닦으며, 열 곱 말할 수 없는 백천억 아승지 큰 원을 내게 됩니다."

선지식을 의지하고 선지식의 가르침을 따르는 이익을 여

러 가지로 밝히다가 모두 다 설명할 길이 없어서 중요한 것을 들어 말하면 열 곱 말할 수 없는 백천억 나유타 공덕을 얻으며, 열 곱 말할 수 없는 백천억 나유타 깊은 마음을 깨끗이 하게 된다는 것 등을 밝혔다.

선 남 자   아 부 약 설 일 체 보 살 행   일 체 보 살 바
善男子야 **我復略說一切菩薩行**과 **一切菩薩波**

라 밀   일 체 보 살 지   일 체 보 살 인   일 체 보 살 총
羅蜜과 **一切菩薩地**와 **一切菩薩忍**과 **一切菩薩總**

지 문   일 체 보 살 삼 매 문   일 체 보 살 신 통 지   일
持門과 **一切菩薩三昧門**과 **一切菩薩神通智**와 **一**

체 보 살 회 향   일 체 보 살 원   일 체 보 살 성 취 불 법
切菩薩廻向과 **一切菩薩願**과 **一切菩薩成就佛法**

개 유 선 지 식 력
이 **皆由善知識力**하야

"선남자여, 제가 다시 간략히 말하거니와 모든 보살의 행과 모든 보살의 바라밀다와 모든 보살의 지위와 모든 보살의 법의 지혜와 모든 보살의 다라니문과 모든 보살의 삼매문과 모든 보살의 신통한 지혜와 모든 보살

의 회향과 모든 보살의 서원과 모든 보살의 불법을 성
취하는 것이 다 선지식의 힘을 말미암은 것입니다."

以善知識으로 而爲根本하야 依善知識生이며 依
善知識出이니 依善知識長이며 依善知識住니 善知
識이 爲因緣이며 善知識이 能發起니라

"선지식으로 근본을 삼으며, 선지식을 의지하여 생
기며, 선지식을 의지하여 뛰어나며, 선지식을 의지하여
자라며, 선지식을 의지하여 머물며, 선지식이 인연이 되
며, 선지식이 능히 일으킵니다."

선지식을 따르는 이익을 또다시 간략히 말하면 모든 보
살의 행과 모든 보살의 바라밀다와 모든 보살의 지위와 모
든 보살의 법의 지혜와 모든 보살의 다라니문 등을 얻는다
고 하였다. 또 모든 보살의 회향과 모든 보살의 서원과 모

든 보살의 불법을 성취하는 것이 다 선지식의 힘을 말미암은 것이라고 하였다. 만약 불법에서 선지식이 없다면 무엇을 이룰 수 있을 것인가. 그러므로 입법계품은 곧 선지식경善知識經이라고 할 수 있을 것이다.

5) 선재동자가 예배하고 물러가다

시 선재동자 문선지식 여시공덕 능개
時에 善財童子가 聞善知識의 如是功德이 能開

시무량보살묘행 능성취무량광대불법
示無量菩薩妙行하며 能成就無量廣大佛法하고

용약환희 정례덕생 급유덕족 요무량잡
踊躍歡喜하야 頂禮德生과 及有德足하며 繞無量帀

은근첨앙 사퇴이거
하며 殷勤瞻仰하고 辭退而去하니라

이때에 선재동자는 선지식의 이와 같은 공덕이 능히 한량없는 보살의 묘한 행을 열어 보이고 능히 한량없이 광대한 부처님 법을 성취함을 듣고, 기뻐 뛰면서 덕생

동자와 유덕동녀의 발에 엎드려 절하고 한량없이 돌고
는 은근하게 앙모하며 하직하고 물러갔습니다.

문수지남도 제52, 선재동자가 미륵보살을 친견하다.

52. 미륵보살 彌勒菩薩

섭덕성인상攝德成因相 선지식

1) 가르침에 의지하여 선지식을 찾다

이 시　선 재 동 자　문 선 지 식 교　　윤 택 기 심
爾時에 **善財童子**가 **聞善知識敎**하고 **潤澤其心**

정 념 사 유 제 보 살 행　　향 해 안 국
하야 **正念思惟諸菩薩行**하야 **向海岸國**할새

　그때에 선재동자는 선지식의 가르침을 듣고는 마음
이 윤택하여져서 바른 생각으로 모든 보살의 행을 사유
하면서 해안국으로 향하였습니다.

　앞의 선지식까지 "여러 가지 지위의 차별한 인연을 모아
서 하나의 진실한 법계에 들어가는 차별적인 의미를 가진
다."라는 뜻이었다면 미륵보살은 "성불의 덕을 포섭하여 성

불의 원인을 성취하는 모습[攝德成因相]을 보인 의미"에서 '섭덕성인상 선지식'이라 한다.

앞에서 덕생동자와 유덕동녀는 미륵보살이라는 선지식을 소개하려고 특별히 선지식의 의미와 공덕과 이익에 대해서 장황하게 설명하였다. 이제 드디어 미륵보살 선지식을 친견하게 되었다. 그러나 선재동자는 미륵보살이라는 선지식을 친견하기 전에 앞에서 들은 선지식의 가르침을 의지하여 그 마음이 윤택하여져서 모든 보살의 행을 바른 생각으로 사유하며 지난날의 자신의 행을 반성하고 새로운 각오를 다지게 된다. 그 내용들이 또한 적지 않다.

자 억 왕 세　　 불 수 예 경　　　 즉 시 발 의　　　 근 력
自憶往世에 **不修禮敬**하고 **卽時發意**하야 **勤力**

이 행
而行하며

스스로 지난 세상에 예경禮敬을 닦지 않은 것을 생각하고, 즉시에 뜻을 내어 부지런히 행하였습니다.

부억 왕세　신 심 부 정　즉 시 발 의　전 자
復憶往世에 **身心不淨**하고 **卽時發意**하야 **專自**

치 결
治潔하며

다시 또 지난 세상에 몸과 마음이 깨끗하지 못한 것을 생각하고, 즉시에 뜻을 내어 오로지 스스로 청결하게 다스렸습니다.

부억 왕세　작 제 악 업　즉 시 발 의　전 자
復憶往世에 **作諸惡業**하고 **卽時發意**하야 **專自**

방 단
防斷하며

다시 또 지난 세상에 모든 나쁜 업을 지은 것을 생각하고, 즉시에 뜻을 내어 오로지 스스로 막고 끊었습니다.

선재동자도 지난날에는 평범한 우리들처럼 성인이나 선지식이나 어른들에게 예경을 닦지 아니한 적이 적지 않았으며, 몸과 마음이 부정하여 부정한 짓을 저지른 적도 적지 않았으며, 온갖 악한 일을 저지른 적도 적지 않았을 것이다. 선재동자는 지난 세상에 있었던 그와 같은 일을 낱낱이 기억하고는 크게 반성하고 새롭게 다짐하는 시간을 갖게 된다.

復憶往世에 起諸妄想하고 卽時發意하야 恒正思惟하며

다시 또 지난 세상에 모든 허망한 생각 일으킨 것을 생각하고, 즉시에 뜻을 내어 항상 바르게 생각하였습니다.

復憶往世에 所修諸行이 但爲自身하고 卽時發意하야 令心廣大하야 普及含識하며

다시 또 지난 세상에 닦은 모든 행이 자기의 몸만 위한 것을 생각하고, 즉시에 뜻을 내어 마음을 넓게 가지고 중생들에게까지 널리 미치게 하였습니다.

선재동자는 또 지난 세상에서 온갖 망상을 일으켰음을 반성하고, 설사 수행을 하더라도 다만 자기 자신만을 위해서 한 것에 대해 반성하고 널리 많은 중생을 위해야겠다는 뜻을 내게 된다.

부억 왕세　　추 구 욕 경　　　상 자 손 모　　　무 유
復憶往世에 **追求欲境**하야 **常自損耗**하야 **無有**

자 미　　　즉 시 발 의　　　수 행 불 법　　　장 양 제 근
滋味하고 **即時發意**하야 **修行佛法**하야 **長養諸根**하야

이 자 안 은
以自安隱하며

다시 또 지난 세상에 욕심의 대상을 따라다니면서 항상 스스로 소모하던 것이 좋은 맛이 없음을 생각하고, 즉시에 뜻을 내어 불법을 닦아 모든 근기를 길러 스

스로 편안하였습니다.

부 억 왕 세　　기 사 사 념　　전 도 상 응　　즉 시
復憶往世에 **起邪思念**하야 **顚倒相應**하고 **卽時**

발 의　　생 정 견 심　　기 보 살 원
發意하야 **生正見心**하야 **起菩薩願**하며

　다시 또 지난 세상에 삿된 생각으로 뒤바뀌게 서로
응하던 일을 생각하고, 즉시에 뜻을 내어 바른 소견으
로 보살의 원을 일으켰습니다.

　욕심의 경계를 따라다닌 세월이 돌이켜보면 아무것도 남
은 것이 없고 오직 나쁜 업만 쌓였을 뿐이다. 한순간이라도
불법에 신심을 일으켜 염불 한마디라도 더 하고 살아야 할
것이다. 삿된 생각이란 인과의 이치를 무시하고 진리에 어긋
나는 삶을 사는 것이다. 그러므로 곧바로 올바른 소견을 내
어 보살행으로 살아야 할 것을 생각하게 되었다.

부억 왕세   일 야 구 로   작 제 악 사   즉 시
復憶往世에 日夜劬勞하야 作諸惡事하고 即時

발 의   기 대 정 진   성 취 불 법
發意하야 起大精進하야 成就佛法하며

다시 또 지난 세상에 밤낮으로 애쓰며 모든 나쁜 일 짓던 것을 생각하고, 즉시에 뜻을 내어 큰 정진을 하여 불법을 성취하려 하였습니다.

부억 왕세   수 오 취 생   어 자 타 신   개 무 이
復憶往世에 受五趣生하야 於自他身에 皆無利

익   즉 시 발 의   원 이 기 신   요 익 중 생   성
益하고 即時發意하야 願以其身으로 饒益衆生하야 成

취 불 법   승 사 일 체 제 선 지 식   여 시 사 유
就佛法하며 承事一切諸善知識하야 如是思惟하고

생 대 환 희
生大歡喜하니라

다시 또 지난 세상에 다섯 길에 태어난 것이 저나 남 의 몸에 이익이 없음을 생각하고, 즉시에 뜻을 내어 이 몸으로 중생을 이익하게 하고 불법을 성취하며 일체 모

든 선지식 섬기기를 원하였습니다. 이와 같이 생각하고 매우 환희한 마음을 내었습니다.

과거에 잘못 살아온 것들을 반성하고 새로운 마음으로 큰 정진을 일으켜 불법을 성취한다면 얼마나 환희로울까. 또한 과거에 지옥이나 축생이나 아귀 등 나쁜 갈래를 돌아다니면서 자신에게도 다른 이에게도 아무런 이익이 없는 삶을 살다가 불법을 만나 불법의 기준에 맞춰 보고 비로소 반성하고 훌륭한 선지식을 섬기게 된다면 얼마나 환희로울까.

신심과 환희심으로 미륵보살이라는 크나큰 선지식을 친견하여 최상의 가르침을 들으려면 사전에 이와 같은 큰 반성을 하여 지나온 삶을 깨끗이 정화하는 것이 마땅할 것이다. 심지어 어려운 손님 한 사람을 맞이하는 데도 미리 준비해야 하는 일들이 얼마나 많은가.

부 관 차 신　　시 생 로 병 사 중 고 지 택　　원 진 미
復觀此身이 **是生老病死衆苦之宅**하고 **願盡未**

래겁　　　수보살도　　　교화중생　　　견제여래
來劫토록 **修菩薩道**하야 **敎化衆生**하며 **見諸如來**하야

성취불법
成就佛法하며

다시 또 이 몸이 태어나고 늙고 병들고 죽는 여러 가지 괴로움의 굴택임을 보고, 원하기를 오는 세월이 다 하도록 보살의 도를 닦고 중생을 교화하며, 모든 여래를 뵈옵고 불법을 성취하며,

유행일체불찰　　　승사일체법사　　　주지일
遊行一切佛刹하며 **承事一切法師**하며 **住持一**

체불교　　　심구일체법려　　　견일체선지식
切佛敎하며 **尋求一切法侶**하며 **見一切善知識**하며

집일체제불법　　　여일체보살원지신　　　이작
集一切諸佛法하며 **與一切菩薩願智身**으로 **而作**

인연
因緣하니라

모든 부처님의 세계로 다니면서 여러 법사法師를 받들어 섬기고, 모든 부처님의 교법에 머물러 있으면서

여러 불법의 벗을 찾아 구하고, 모든 선지식을 친견하고, 모든 부처님의 법을 모아서, 모든 보살의 원과 지혜의 몸을 위하여 인연을 지으려 하였습니다.

작 시 념 시　　장 부 사 의 무 량 선 근　　　즉 어 일 체
作是念時에 **長不思議無量善根**하야 **卽於一切**

보 살　　심 신 존 중　　　생 희 유 상　　　생 대 사 상
菩薩에 **深信尊重**하야 **生希有想**하며 **生大師想**하야

이렇게 생각할 적에 부사의한 한량없는 착한 뿌리가 자라서 곧 모든 보살을 깊이 믿고 존중하며 희유한 생각을 내고 큰 스승이라는 생각을 내었습니다.

또 이 몸이란 태어나고 늙고 병들고 죽는 여러 가지 괴로움의 굴택이라는 사실을 알아 오는 세월이 다하도록 보살의 도를 닦고 중생을 교화하기를 발원하였다. 또 모든 여래를 뵈옵고 불법을 성취하였다. 또 모든 부처님의 교법에 머물러 있으면서 여러 불법의 벗들을 찾아 구하고, 모든 선지식을 친견하였다. 이 모든 일이 선재동자가 미륵보살을 친견하려

는 마음의 준비이다.

제근청정　　선법증익　　기일체보살공경
諸根清淨하며　善法增益하야　起一切菩薩恭敬

공양　　작일체보살곡궁합장　　생일체보살
供養하며　作一切菩薩曲躬合掌하며　生一切菩薩

보견세간안　　기일체보살보념중생상
普見世間眼하며　起一切菩薩普念衆生想하며

　　모든 기관이 청정하여지고 착한 법이 늘었으며, 모
든 보살의 공경하고 공양하던 일을 일으키고, 모든 보
살의 허리 굽히며 합장함을 짓고, 모든 보살의 세간을
두루 보는 눈을 내고, 모든 보살의 중생을 염려하던 생
각을 일으키고,

현일체보살무량원화신　　출일체보살청정
現一切菩薩無量願化身하며　出一切菩薩清淨

찬설음상　　견과현일체제불　　급제보살　　어
讚說音想하며　見過現一切諸佛과　及諸菩薩이　於

일 체 처　　　시 현 성 도 신 통 변 화　　　내 지 무 유 일 모
一切處에 示現成道神通變化하야 乃至無有一毛

단 처　　이 부 주 변
端處도 而不周徧하며

　　모든 보살의 한량없는 서원으로 나투는 몸을 나타내
고, 모든 보살의 청정하게 찬탄하는 음성을 내었으며,
과거 현재의 일체 모든 부처님과 모든 보살들이 여러
곳에서 성도成道하심과 신통과 변화를 나타내어 내지 한
터럭 끝만 한 곳에도 두루 하지 않은 데가 없음을 보았
습니다.

　　우 득 청 정 지 광 명 안　　　견 일 체 보 살 소 행 경 계
又得淸淨智光明眼하야 見一切菩薩所行境界

　　기 심　　보 입 시 방 찰 망　　　기 원　　보 변 허 공 법
하며 其心이 普入十方刹網하며 其願이 普徧虛空法

계　　　삼 세 평 등　　　무 유 휴 식　　　여 시 일 체　　　개
界하야 三世平等하야 無有休息하니 如是一切가 皆

이 신 수 선 지 식 교 지 소 치 이
以信受善知識敎之所致耳니라

또 청정한 지혜와 광명한 눈을 얻어 모든 보살의 행하던 경계를 보고, 그 마음은 시방의 세계 그물에 들어가고, 그 소원은 허공과 법계에 두루 가득하여 세 세상이 평등하여 쉬지 아니하였습니다. 이와 같은 모든 것이 다 선지식의 가르침을 믿고 받아들인 까닭이었습니다.

선재동자가 모든 선지식을 친견하고, 모든 부처님의 법을 모아서 모든 보살의 원과 지혜의 몸을 위하여 인연을 지으려 하니, 모든 기관이 청정하여지고 착한 법이 늘어나는 등 온갖 수승한 일이 생겼으며, 청정한 지혜와 광명한 눈을 얻어 모든 보살의 행하던 경계를 보게 되었다. 이러한 일은 다 선지식의 가르침을 믿고 받아들인 까닭이다. 선재동자는 몸과 마음으로 이와 같이 준비하고 나서 드디어 미륵보살에게 법을 묻게 된다.

2) 공경을 나타내고 법을 묻다

(1) 미륵보살의 의보依報

1〉 선정에 들어 그 작용을 나타내다

善財童子가 以如是尊重과 如是供養과 如是
선재동자 이여시존중 여시공양 여시

稱讚과 如是觀察과 如是願力과 如是想念과 如是
칭찬 여시관찰 여시원력 여시상념 여시

無量智慧境界로 於毘盧遮那莊嚴藏大樓閣前에
무량지혜경계 어비로자나장엄장대누각전

五體投地하고 暫時斂念하야 思惟觀察하야 以深信
오체투지 잠시염념 사유관찰 이심신

解大願力故로 入徧一切處智慧身平等門하야
해대원력고 입변일체처지혜신평등문

선재동자는 이와 같이 존중함과 이와 같이 공양함과
이와 같이 칭찬함과 이와 같이 관찰함과 이와 같은 서
원의 힘과 이와 같은 생각과 이와 같은 한량없는 지혜
의 경계로써 비로자나장엄장 큰 누각 앞에서 오체를 땅
에 던져 엎드려 절하고, 잠깐 동안 마음을 거두어 사유
하고 관찰하였으며, 깊이 믿고 이해함과 큰 서원의 힘

으로 온갖 곳에 두루 한 지혜의 몸이 평등한 문에 들어 갔습니다.

선재동자는 이와 같이 존중하고 이와 같이 공양하면서 비로자나장엄장 큰 누각 앞에서 오체를 땅에 던져 엎드려 절 하였다. 그러고는 잠깐 동안 마음을 거두어 사유하고 관찰 하였는데 이것을 선정禪定에 드는 일이라 하고 이하의 내용 은 선정의 작용이라고 표현한다.

보 현 기 신
普現其身하야 **在於一切如來前**과 **一切菩薩前**
재 어 일 체 여 래 전   일 체 보 살 전

과 **一切善知識前**과 **一切如來塔廟前**과 **一切如來**
일 체 선 지 식 전   일 체 여 래 탑 묘 전   일 체 여 래

形像前과 **一切諸佛諸菩薩住處前**과 **一切法寶**
형 상 전   일 체 제 불 제 보 살 주 처 전   일 체 법 보

前과 **一切聲聞辟支佛及其塔廟前**과 **一切聖衆**
전   일 체 성 문 벽 지 불 급 기 탑 묘 전   일 체 성 중

福田前과 **一切父母尊者前**과 **一切十方衆生前**하야
복 전 전   일 체 부 모 존 자 전   일 체 시 방 중 생 전

개 여 상 설 존 중 예 찬　　진 미 래 제　　무 유 휴 식
皆如上說尊重禮讚하야 **盡未來際**토록 **無有休息**하니

　그 몸을 두루 나타내어 모든 여래의 앞과, 모든 보살의 앞과, 모든 선지식의 앞과, 모든 여래의 탑묘 앞과, 모든 여래의 형상 앞과, 일체 모든 부처님과 모든 보살이 계시는 처소 앞과, 모든 법보 앞과, 모든 성문과 벽지불과 그들의 탑묘 앞과, 모든 거룩한 대중인 복밭 앞과, 모든 부모와 어른 앞과, 모든 시방의 중생들 앞에 있어서 위에서 말한 것처럼 존중하고 예경하며 찬탄하기를 오는 세상이 끝나도록 쉬지 아니하였습니다.

　선정禪定의 작용으로 그 몸을 두루 나타내어 모든 여래의 앞과, 모든 보살의 앞과, 모든 선지식의 앞과, 모든 여래의 탑묘 앞 등에서 존중하고 예경하며 찬탄하기를 오는 세상이 끝나도록 쉬지 아니하였다. 진정한 선정은 나무나 돌이 되어 멍하게 앉아만 있는 것이 아니라 이와 같이 왕성하게 작용하는 것이다.

등허공　　무변량고　　등법계　　무장애고
等虛空하야 無邊量故며 等法界하야 無障礙故며

등실제　　변일체고　　등여래　　무분별고　유
等實際하야 徧一切故며 等如來하야 無分別故며 猶

여영　　수지현고　　유여몽　　종사기고　　유여
如影하야 隨智現故며 猶如夢하야 從思起故며 猶如

상　　시일체고　　유여향　　연소발고　무유생
像하야 示一切故며 猶如響하야 緣所發故며 無有生

　　체흥사고　　무유성　　수연전고
하야 遞興謝故며 無有性하야 隨緣轉故니라

　　허공과 같으니 끝과 분량이 없는 연고며, 법계와 같
으니 막힘과 걸림이 없는 연고며, 실제와 같으니 온갖
것에 두루 한 연고며, 여래와 같으니 분별이 없는 연고
며, 그림자와 같으니 지혜를 따라 나타나는 연고며, 꿈
과 같으니 생각을 좇아 일어나는 연고며, 영상과 같으
니 모든 것을 보이는 연고며, 메아리와 같으니 인연으
로 생기는 연고며, 나는 일이 없으니 번갈아 일어나고
없어지는 연고며, 성품이 없으니 인연을 따라 변하는
연고입니다.

선재동자가 비로자나장엄장 큰 누각 앞에서 오체를 땅에 던져 엎드려 절하고, 잠깐 동안 마음을 거두어 사유하고 관찰한 선정의 작용은 허공과 같고, 법계와 같고, 실제와 같고, 여래와 같은 것 등임을 밝혔다.

우 결 정 지 일 체 제 보　　개 종 업 기　　일 체 제 과
又決定知一切諸報가 **皆從業起**하며 **一切諸果**

개 종 인 기　　일 체 제 업　　개 종 습 기
가 **皆從因起**하며 **一切諸業**이 **皆從習起**하며

또한 일체 모든 과보는 업業에서 일어나고, 일체 모든 결과는 인因에서 일어나고, 일체 모든 업은 습기習氣에서 일어나고,

선재동자가 잠깐 동안 마음을 거두어 사유하고 관찰한 선정의 작용은 일체 존재가 인연으로부터 일어난다는 사실 등을 분명하게 아는 것이다. 실로 진정한 선정은 이와 같이 일체 존재와 일체 사건을 정확하고 분명하게 알아차리는 일이다.

일체불흥　개종신기　　일체화현제공양사
一切佛興이 **皆從信起**하며 **一切化現諸供養事**가

개실종어결정해기　　일체화불　종경심기
皆悉從於決定解起하며 **一切化佛**이 **從敬心起**하며

일체 부처님 출현은 믿음에서 일어나고, 일체 모든 공양거리를 변화하여 나타냄은 결정한 이해에서 일어나고, 일체 나타난 부처님[化佛]은 공경하는 마음에서 일어나고,

일체 부처님 출현은 믿음에서 일어난다. 그렇다. 만약 믿음이 없다면 부처님의 배 속에 있다 한들 어찌 부처님임을 알겠는가. 믿음이 있는 사람은 설사 아비지옥에 있다 하더라도 그곳에 부처님이 출현하심을 보게 될 것이다. 이것이 진정한 선정의 작용이다.

일체불법　종선근기　　일체화신　종방편
一切佛法이 **從善根起**하며 **一切化身**이 **從方便**

기　　일체불사　종대원기
起하며 **一切佛事**가 **從大願起**하며

일체 부처님 법은 선근에서 일어나고, 일체 나타난 몸은 방편에서 일어나고, 일체 불사佛事는 큰 원願에서 일어나고,

불법을 알고 불법을 믿고 불법을 좋아하는 사람은 반드시 수승한 선근이 있는 사람이다. 선근이 없이 어찌 이와 같은 최상승법인 화엄경을 공부하게 되겠는가. 또 일체 불사는 큰 서원으로 이루어진다. 서원이 없다면 어찌 불사가 이루어지겠는가. 이와 같은 사실을 분명하게 아는 것이 진정한 선정의 작용이다.

일 체 보 살 소 수 제 행　　종 회 향 기　　일 체 법 계
一切菩薩所修諸行이 **從廻向起**하며 **一切法界**

광 대 장 엄　　종 일 체 지 경 계 이 기
廣大莊嚴이 **從一切智境界而起**하야

일체 보살의 닦은 바 모든 행은 회향에서 일어나고, 일체 법계의 광대한 장엄은 일체 지혜의 경계에서 일어나는 줄을 분명하게 압니다.

모든 보살행은 선근 회향을 말미암아 일어난다. 자신에게 좋은 것이라면 다른 사람에게도 좋은 것이라는 생각을 잊지 말고 그 좋은 것을 널리 회향하는 것을 말미암아 일체 보살행이 완성되는 것이다. 이 또한 진정한 선정에서 분명하게 판단하는 일이다.

離於斷見하니 知廻向故요 離於常見하니 知無生故요

아주 없다는 소견[斷見]을 여의나니 회향을 아는 연고며, 항상하다는 소견[常見]을 여의나니 나는 일이 없음을 아는 연고입니다.

회향에는 반드시 그 공덕이 따르게 마련이다. 비록 모든 것이 공하여 없으나 아주 없는 것이 아니다. 생기는 일도 그와 같아서 생기되 생김이 없어서 항상하다는 견해를 떠난다.

이 무 인 견　　　지 정 인 고　　　이 전 도 견　　　지 여
離無因見하니 **知正因故**요 **離顚倒見**하니 **知如**

실 리 고
實理故요

　원인이 없다는 소견을 여의나니 바른 인因을 아는 연
고며, 뒤바뀐 소견을 여의나니 실제와 같은 이치를 아
는 연고입니다.

이 자 재 견　　　지 불 유 타 고　　　이 자 타 견　　　지
離自在見하니 **知不由他故**요 **離自他見**하니 **知**

종 연 기 고
從緣起故요

　스스로 있다는 소견을 여의나니 남을 말미암지 않음
을 아는 연고며, 나와 남이라는 소견을 여의나니 인연
으로부터 일어남을 아는 연고입니다.

이 변 집 견　　　지 법 계 무 변 고　　　이 왕 래 견
離邊執見하니 **知法界無邊故**요 **離往來見**하니

지 여 영 상 고
知如影像故요

　가가 있다고 고집하는 소견을 여의나니 법계法界가 가
없음을 아는 연고며, 가고 온다는 소견을 여의나니 영
상과 같음을 아는 연고입니다.

　이 유 무 견　　지 불 생 멸 고　　이 일 체 법 견
離有無見하니 **知不生滅故**요 **離一切法見**하니

지 공 무 생 고　　지 부 자 재 고　　지 원 력 출 생 고
知空無生故며 **知不自在故**며 **知願力出生故**요

　있다 없다는 소견을 여의나니 나지도 멸하지도 않음
을 아는 연고며, 일체 법이라는 소견을 여의나니 공하
여 남[生]이 없음을 아는 연고며 자재하지 못함을 아는
연고며 소원의 힘으로 나는 줄을 아는 연고입니다.

　이 일 체 상 견　　입 무 상 제 고　　지 일 체 법　　여
離一切相見하니 **入無相際故**요 **知一切法**이 **如**

종생아고　여인생문고　지질여상고
種生芽故며 **如印生文故**며 **知質如像故**며

일체 모양이란 소견을 여의나니 모양이 없는 경계에
들어가는 연고며, 일체 법이 종자에서 싹이 나는 것과
같음을 아는 연고며, 도장에서 글자가 나타나는 것과 같
음을 아는 연고며, 바탕이 영상과 같음을 아는 연고며,

지성여향고　지경여몽고　지업여환고　요
知聲如響故며 **知境如夢故**며 **知業如幻故**며 **了**

세심현고
世心現故며

소리가 메아리와 같음을 아는 연고며, 경계[境]가 꿈
과 같음을 아는 연고며, 업業이 환술과 같음을 아는 연
고며, 세상이 마음으로 나타남을 아는 연고며,

요과인기고　요보업집고　요지일체제공덕
了果因起故며 **了報業集故**며 **了知一切諸功德**

법　개종보살선교방편소유출고
法이 皆從菩薩善巧方便所流出故니라

　　결과가 원인에서 일어남을 아는 연고며, 과보果報가
업이 모임인 줄을 아는 연고며, 일체 모든 공덕의 법이
다 보살의 교묘한 방편으로 흘러나온 것임을 아는 연고
입니다.

　　모든 법이 인연으로부터 일어나는 이치를 철저히 밝힌 내
용이다. 진정한 선정의 작용은 일체 존재가 존재하는 원리를
분명하게 알아서 그 원리에 맞게 생각하고 말하고 행동하는
것이라는 사실을 선재동자는 일깨워 준 것이다. 다시 말하
면 일체 존재가 존재하는 원리는 중도의 원리이며 연기의 원
리이다.

　　선재동자　입여시지　단심결념　어누
善財童子가 **入如是智**하야 **端心潔念**하야 **於樓**

관전　거체투지　은근정례　부사의선근
觀前에 **擧體投地**하고 **殷勤頂禮**한대 **不思議善根**이

유 주 신 심　　　청 량 열 택
流注身心하야 **清凉悅澤**하니라

　선재동자가 이와 같은 지혜에 들어가서 단정한 마음
과 깨끗한 생각으로 누각[樓觀] 앞에 온몸을 땅에 던지며
은근하게 절을 하니 부사의한 착한 뿌리가 몸과 마음에
흘러들어서 청량하고 기쁘고 윤택하였습니다.

　선재동자는 그동안 미륵보살의 비로자나장엄장 큰 누각
앞에서 예배하고는 선정에 들어 선정의 작용으로 일체 존재
의 존재 원리를 분명하게 밝히게 되었다. 그것은 곧 깨달음
의 지혜에 깊이 들어간 경지로서 마음이 맑고 청정하여졌다.
선정으로 인하여 지혜가 드러남을 분명하게 거론한 것이다.
선재동자가 다시 누각 앞에서 몸을 던져 예를 올리니 불가
사의한 선근이 몸과 마음으로 흘러들어 청량하기 이를 데 없
었다.

2〉 선정에서 나와 누각을 찬탄하다

종지이기　　일심첨앙　　목부잠사　　합장
從地而起하야 一心瞻仰하야 目不暫捨하며 合掌

위요　　경무량잡　　작시념언
圍繞하야 經無量帀하니라 作是念言호대

땅에서 일어나 한결같은 마음으로 우러러보면서 잠
깐도 한눈팔지 아니하고 합장하고 한량없이 돌면서 이
렇게 생각하였습니다.

선재동자는 선정에서 나온 뒤 다시 누각 앞에서 몸을 땅
에 던져 예를 올리고는 땅에서 일어나 한결같은 마음으로
그 누각을 우러러보면서 합장하고 한량없이 돌면서 수많은
생각을 하게 된다. '도대체 이 누각은 어떤 성자가 머물기에
이와 같이 성스러울까?' 하면서 그동안 많은 선지식을 친견
하면서 배우고 익힌 온갖 불법을 동원하여 상상의 나래를 펼
쳐 본다.

차대누각　　　시해공무상무원자지소주처
此大樓閣이 是解空無相無願者之所住處며

시 어 일 체 법　　무 분 별 자 지 소 주 처
是於一切法에 無分別者之所住處며

　'이 큰 누각은 공空하고, 모양 없고, 원願 없음을 아
는 이가 머무는 곳이리라. 이는 모든 법에 분별이 없는
이가 머무는 곳이리라.'

　　　　시 요 법 계 무 차 별 자 지 소 주 처　　시 지 일 체 중
是了法界無差別者之所住處며 是知一切衆

생 불 가 득 자 지 소 주 처
生不可得者之所住處며

　'이는 법계가 차별이 없음을 아는 이가 머무는 곳이
리라. 이는 모든 중생을 얻을 수 없음을 아는 이가 머무
는 곳이리라.'

　　　　시 지 일 체 법 무 생 자 지 소 주 처　　시 불 착 일 체
是知一切法無生者之所住處며 是不着一切

세 간 자 지 소 주 처
世間者之所住處며

'이는 모든 법이 남[生]이 없음을 아는 이가 머무는 곳이리라. 이는 모든 세간에 집착하지 않는 이가 머무는 곳이리라.'

시 불 착 일 체 굴 택 자 지 소 주 처　시 불 락 일 체
是不着一切窟宅者之所住處며 **是不樂一切**

취 락 자 지 소 주 처
聚落者之所住處며

'이는 모든 굴택에 집착하지 않는 이가 머무는 곳이리라. 이는 모든 마을을 좋아하지 않는 이가 머무는 곳이리라.'

시 불 의 일 체 경 계 자 지 소 주 처　시 이 일 체 상
是不依一切境界者之所住處며 **是離一切想**

자 지 소 주 처
者之所住處며

'이는 모든 경계를 의지하지 않는 이가 머무는 곳이리라. 이는 모든 생각을 여읜 이가 머무는 곳이리라.'

시 지 일 체 법 무 자 성 자 지 소 주 처　　시 단 일 체
是知一切法無自性者之所住處며 是斷一切

분 별 업 자 지 소 주 처
分別業者之所住處며

'이는 모든 법이 제 성품이 없음을 아는 이가 머무
는 곳이리라. 이는 모든 차별한 업을 끊은 이가 머무는
곳이리라.'

시 이 일 체 상 심 의 식 자 지 소 주 처　　시 불 입 불
是離一切想心意識者之所住處며 是不入不

출 일 체 도 자 지 소 주 처
出一切道者之所住處며

'이는 모든 생각과 마음과 의식을 여읜 이가 머무는
곳이리라. 이는 모든 도道에 들지도 않고 나지도 않는
이가 머무는 곳이리라.'

시 입 일 체 심 심 반 야 바 라 밀 자 지 소 주 처　　시
是入一切甚深般若波羅蜜者之所住處며 是

능이방편　주보문법계자지소주처
能以方便으로 **住普門法界者之所住處**며

'이는 모든 깊고 깊은 반야바라밀다에 들어간 이가 머무는 곳이리라. 이는 능히 방편으로 넓은 문 법계에 머무른 이가 머무는 곳이리라.'

시식멸일체번뇌화자지소주처　시이증상
是息滅一切煩惱火者之所住處며 **是以增上**

혜　제단일체견애만자지소주처
慧로 **除斷一切見愛慢者之所住處**며

'이는 모든 번뇌의 불을 소멸한 이가 머무는 곳이리라. 이는 더 올라가는 지혜로 모든 소견과 애착과 교만을 끊은 이가 머무는 곳이리라.'

시출생일체제선해탈삼매통명　이유희자
是出生一切諸禪解脫三昧通明하야 **而遊戲者**

지소주처　시관찰일체보살삼매경계자지소
之所住處며 **是觀察一切菩薩三昧境界者之所**

주 처
住處며

'이는 모든 선정과 해탈과 삼매와 신통과 밝음[明]을 출생하여 유희하는 이가 머무는 곳이리라. 이는 모든 보살의 삼매의 경계를 관찰하는 이가 머무는 곳이리라.'

시 안 주 일 체 여 래 소 자 지 소 주 처　　시 이 일 겁
是安住一切如來所者之所住處며 **是以一劫**으로

입 일 체 겁　　　이 일 체 겁　　　입 일 겁　　　이 불 괴 기
入一切劫하고 **以一切劫**으로 **入一劫**호대 **而不壞其**

상 자 지 소 주 처
相者之所住處며

'이는 모든 여래의 처소에 편안히 머무른 이가 머무는 곳이리라. 이는 한 겁을 모든 겁에 넣고 모든 겁을 한 겁에 넣어도 그 형상을 깨뜨리지 않는 이가 머무는 곳이리라.'

시이일찰 입일체찰 이일체찰 입일찰
是以一刹로 入一切刹하고 以一切刹로 入一刹

이불괴기상자지소주처
호대 而不壞其相者之所住處며

'이는 한 세계를 모든 세계에 넣고 모든 세계를 한
세계에 넣어도 그 형상을 깨뜨리지 않는 이가 머무는
곳이리라.'

시이일법 입일체법 이일체법 입일
是以一法으로 入一切法하고 以一切法으로 入一

법 이불괴기상자지소주처
法호대 而不壞其相者之所住處며

'이는 한 법을 모든 법에 넣고 모든 법을 한 법에 넣
어도 그 형상을 깨뜨리지 않는 이가 머무는 곳이리라.'

시이일중생 입일체중생 이일체중생
是以一衆生으로 入一切衆生하고 以一切衆生으로

입일중생　　이불괴기상자지소주처
入一衆生호대 而不壞其相者之所住處며

  '이는 한 중생을 모든 중생에 넣고 모든 중생을 한 중생에 넣어도 그 형상을 깨뜨리지 않는 이가 머무는 곳이리라.'

시이일불　　입일체불　　이일체불　　입일불
是以一佛로 入一切佛하고 以一切佛로 入一佛

이불괴기상자지소주처
호대 而不壞其相者之所住處며

  '이는 한 부처님을 모든 부처님에 넣고 모든 부처님을 한 부처님에 넣어도 그 형상을 깨뜨리지 않는 이가 머무는 곳이리라.'

시어일념중　　이지일체삼세자지소주처
是於一念中에 而知一切三世者之所住處며

시어일념중　　왕예일체국토자지소주처
是於一念中에 往詣一切國土者之所住處며

'이는 잠깐 동안에 모든 세 세상을 아는 이가 머무는 곳이리라. 이는 잠깐 동안에 모든 국토에 이르는 이가 머무는 곳이리라.'

시어일체 중생전　실현기신자지소주처　시
是於一切衆生前에 **悉現其身者之所住處**며 **是**

심상 이익 일체 세 간 자지소 주 처
心常利益一切世間者之所住處며

'이는 모든 중생의 앞에 그 몸을 다 나타내는 이가 머무는 곳이리라. 이는 마음으로 모든 세간을 항상 이익하게 하는 이가 머무는 곳이리라.'

시능변지일체처자지소주처　시수이출일
是能徧至一切處者之所住處며 **是雖已出一**

체세간　위화중생고　이항어중현신자지소
切世間이나 **爲化衆生故**로 **而恒於中現身者之所**

주처
住處며

'이는 온갖 곳에 두루 이르는 이가 머무는 곳이리라. 이는 비록 이미 모든 세간에서 벗어났으나 중생을 교화하려고 그 가운데 항상 몸을 나타내는 이가 머무는 곳이리라.'

시불착일체찰　위공양제불고　이유일체
是不着一切刹호대 爲供養諸佛故로 而遊一切

찰자지소주처　시부동본처　능보예일체불
刹者之所住處며 是不動本處하고 能普詣一切佛

찰　이장엄자지소주처
刹하야 而莊嚴者之所住處며

'이는 모든 세계에 애착하지 않으나 부처님들께 공양하려고 모든 세계를 다니는 이가 머무는 곳이리라. 이는 본고장에서 움직이지 않고 모든 세계에 두루 나아가 장엄하는 이가 머무는 곳이리라.'

시친근일체불　이불기불상자지소주처
是親近一切佛호대 而不起佛想者之所住處며

시 의 지 일 체 선 지 식　　이 불 기 선 지 식 상 자 지 소
是依止一切善知識호대 **而不起善知識想者之所**

주 처
住處며

'이는 모든 부처님을 친근하면서도 부처님이라는 생
각을 일으키지 않는 이가 머무는 곳이리라. 이는 모든
선지식을 의지하면서도 선지식이라는 생각을 내지 않는
이가 머무는 곳이리라.'

시 주 일 체 마 궁　　이 불 탐 착 욕 경 계 자 지 소 주
是住一切魔宮호대 **而不耽着欲境界者之所住**

처　　시 영 리 일 체 심 상 자 지 소 주 처
處며 **是永離一切心想者之所住處**며

'이는 모든 마魔의 궁전에 있으면서도 욕심 경계에
탐착하지 않는 이가 머무는 곳이리라. 이는 모든 마음
과 생각을 아주 여읜 이가 머무는 곳이리라.'

시 수 어 일 체 중 생 중　이 현 기 신　　연 어 자 타
是雖於一切衆生中에 **而現其身**이나 **然於自他**에

불 생 이 상 자 지 소 주 처　시 능 보 입 일 체 세 계
不生二想者之所住處며 **是能普入一切世界**호대

이 어 법 계　무 차 별 상 자 지 소 주 처
而於法界에 **無差別想者之所住處**며

'이는 비록 모든 중생 속에 그 몸을 나타내지마는 그
러나 자기와 다른 이에게 둘이라는 생각을 내지 않는
이가 머무는 곳이리라. 이는 모든 세계에 능히 두루 들
어가지마는 법계에 대하여 차별한 생각이 없는 이가 머
무는 곳이리라.'

시 원 주 미 래 일 체 겁　이 어 제 겁　무 장 단 상
是願住未來一切劫호대 **而於諸劫**에 **無長短想**

자 지 소 주 처　시 불 리 일 모 단 처　이 보 현 신 일
者之所住處며 **是不離一毛端處**하고 **而普現身一**

체 세 계 자 지 소 주 처
切世界者之所住處며

'이는 오는 세상의 모든 겁에 머물기를 원하면서도

여러 겁에 길다 짧다는 생각이 없는 이가 머무는 곳이리라. 이는 한 터럭 끝만 한 곳을 여의지 않으면서 모든 세계에 몸을 나타내는 이가 머무는 곳이리라.'

시능연설난조우법자지소주처   시능주난
是能演說難遭遇法者之所住處며 **是能住難**

지법   심심법   무이법   무상법   무대치법
知法과 **甚深法**과 **無二法**과 **無相法**과 **無對治法**과

무소득법   무희론법자지소주처
無所得法과 **無戲論法者之所住處**며

'이는 만나기 어려운 법을 능히 연설하는 이가 머무는 곳이리라. 이는 알기 어려운 법과 매우 깊은 법과 둘이 없는 법과 모양이 없는 법과 상대하여 다스릴 수 없는 법과 얻을 바 없는 법과 부질없는 법에 능히 머무른 이가 머무는 곳이리라.'

시주대자대비자지소주처   시이도일체이
是住大慈大悲者之所住處며 **是已度一切二**

乘智하고 已超一切魔境界하고 已於世法에 無所
染하고 已到菩薩所到岸하고 已住如來所住處者
之所住處며

'이는 대자대비에 머무른 이가 머무는 곳이리라. 이
는 이미 모든 이승二乘의 지혜를 지났고, 이미 모든 마의
경계를 초월하였고, 이미 세상 법에 물들지 아니하고,
이미 보살들이 이르는 언덕에 이르렀고, 이미 여래의
머무시는 곳에 머무른 이가 머무는 곳이리라.'

是雖離一切諸相이나 而亦不入聲聞正位하고
雖了一切法無生이나 而亦不住無生法性者之所
住處며

'이는 모든 형상을 여의었으면서도 또한 성문의 바

른 지위에 들어가지 않고, 비록 모든 법이 나지 않는 줄
을 알면서도 또한 나지 않는 법의 성품에 머물지 않는
이가 머무는 곳이리라.'

시 수 관 부 정 이 부 증 이 탐 법 역 불 여 탐
是雖觀不淨이나 而不證離貪法하고 亦不與貪

욕 구 수 수 어 자 이 부 증 이 진 법 역 불 여
欲俱하며 雖修於慈나 而不證離瞋法하고 亦不與

진 구 구 수 관 연 기 이 부 증 이 치 법 역 불
瞋垢俱하며 雖觀緣起나 而不證離癡法하고 亦不

여 치 혹 구 자 지 소 주 처
與癡惑俱者之所住處며

'이는 비록 부정함을 관찰하면서도 탐욕 여의는 법
을 증득하지 않고 또한 탐욕과 함께 있지도 않으며, 비
록 인자함을 닦으면서도 성냄을 여의는 법을 증득하지
않고 성내는 일과 함께하지도 않으며, 비록 인연으로
생기는[緣起] 것을 관찰하면서도 어리석음 여의는 법을
증득하지 않고 또한 어리석음과 함께하지도 않는 이가
머무는 곳이리라.'

시 수 주 사 선　　이 불 수 선 생　　수 행 사 무 량
是雖住四禪이나 而不隨禪生하고 雖行四無量이나

위 화 중 생 고　　이 불 생 색 계　　수 수 사 무 색 정
爲化衆生故로 而不生色界하고 雖修四無色定이나

이 대 비 고　　이 부 주 무 색 계 자 지 소 주 처
以大悲故로 而不住無色界者之所住處며

'이는 비록 사선정에 머무르면서도 선정을 따라 태어나지 않고, 비록 네 가지 한량없는 마음을 행하면서도 중생을 교화하기 위하여 형상세계에 태어나지 않고, 비록 네 가지 무형세계의 선정을 닦으면서도 크게 가엾이 여기므로 무형세계에 머무르지 않는 이가 머무는 곳이리라.'

시 수 근 수 지 관　　위 화 중 생 고　　이 부 증 명 탈
是雖勤修止觀이나 爲化衆生故로 而不證明脫

수 행 어 사　　이 불 사 화 중 생 사 자 지 소 주 처
하고 雖行於捨나 而不捨化衆生事者之所住處며

'이는 비록 선정[止]과 지혜[觀]를 닦으면서도 중생을 교화하기 위하여 밝음[明]과 해탈을 증득하지 않고, 비

록 버리는 일을 행하면서도 중생 교화하는 일을 버리지
않는 이가 머무는 곳이리라.'

시 수 관 어 공   이 불 기 공 견   수 행 무 상
是雖觀於空이나 **而不起空見**하고 **雖行無相**이나

이 상 화 착 상 중 생   수 행 무 원   이 불 사 보 리
而常化着相衆生하고 **雖行無願**이나 **而不捨菩提**

행 원 자 지 소 주 처
行願者之所住處며

'이는 비록 공空함을 관하면서도 공한 소견을 내지
않고, 비록 모양 없음을 행하면서도 모양에 집착하는
중생을 항상 교화하고, 비록 소원 없음을 행하면서도
보리행의 원을 버리지 않는 이가 머무는 곳이리라.'

시 수 어 일 체 업 번 뇌 중   이 득 자 재   위 화 중
是雖於一切業煩惱中에 **而得自在**나 **爲化衆**

생 고   이 현 수 순 제 업 번 뇌   수 무 생 사   위 화
生故로 **而現隨順諸業煩惱**하고 **雖無生死**나 **爲化**

중생고　시수생사　　수이이일체취　위화중
衆生故로 **示受生死**하고 **雖已離一切趣**나 **爲化衆**

생고　시입제취자지소주처
生故로 **示入諸趣者之所住處**며

'이는 비록 모든 업과 번뇌에서 자유자재하면서도
중생을 교화하기 위하여 모든 업과 번뇌를 수순함을 나
타내고, 비록 생사가 없으나 중생을 교화하기 위하여
생사 받음을 나타내고, 비록 이미 모든 길을 여의었으
면서도 중생을 교화하기 위하여 여러 길에 들어감을 보
이는 이가 머무는 곳이리라.'

시수행어자　이어제중생　무소애련　　수
是雖行於慈나 **而於諸衆生**에 **無所愛戀**하고 **雖**

행어비　이어제중생　무소취착　수행어희
行於悲나 **而於諸衆生**에 **無所取着**하고 **雖行於喜**

이관고중생　심상애민　수행어사　이불
나 **而觀苦衆生**하야 **心常哀愍**하고 **雖行於捨**나 **而不**

폐사이익타사자지소주처
廢捨利益他事者之所住處며

'이는 비록 인자함을 행하면서도 여러 중생에게 미련이 없으며, 비록 가엾이 여김을 행하면서도 여러 중생에게 집착이 없으며, 비록 기뻐함을 행하면서도 괴로운 중생을 보고 항상 불쌍히 여기며, 비록 버림을 행하면서도 다른 이를 이익하게 하는 일을 폐하지 않는 이가 머무는 곳이리라.'

시 수 행 구 차 제 정　　이 불 염 리 욕 계 수 생　　수
是雖行九次第定이나 而不厭離欲界受生하고 雖

지 일 체 법　　무 생 무 멸　　이 불 어 실 제　　작 증
知一切法이 無生無滅이나 而不於實際에 作證하고

수 입 삼 해 탈 문　　이 불 취 성 문 해 탈
雖入三解脫門이나 而不取聲聞解脫하고

'이는 비록 아홉 가지 차례로 닦는 선정을 행하면서도 욕심세계에 태어남을 싫어하지 않고, 비록 모든 법이 나지 않고 멸하지 않음을 알면서도 실제로 증득하지 않으며, 비록 삼해탈문에 들었어도 성문의 해탈을 취하지 않으며,

수 관 사 성 제　　이 부 주 소 승 성 과　　수 관 심 심
雖觀四聖諦나 而不住小乘聖果하고 雖觀甚深

연 기　　이 부 주 구 경 적 멸　　수 수 팔 성 도　　이 불
緣起나 而不住究竟寂滅하고 雖修八聖道나 而不

구 영 출 세 간　　수 초 범 부 지　　이 불 타 성 문 벽 지
求永出世間하고 雖超凡夫地나 而不墮聲聞辟支

불 지
佛地하고

　　비록 네 가지 진리[四諦]를 관찰하면서도 소승의 과위
에 머물지 않고, 비록 깊은 인연으로 생김을 관찰하면
서도 필경까지 고요한 데 머물지 않고, 비록 여덟 가지
성인聖人의 길을 닦으면서도 세간에서 아주 뛰어나기를
구하지 않고, 비록 범부의 지위를 초월하고도 성문이나
벽지불의 지위에 떨어지지 않고,

　　수 관 오 취 온　　이 불 영 멸 제 온　　수 초 출 사
雖觀五取蘊이나 而不永滅諸蘊하고 雖超出四

마　　이 불 분 별 제 마　　수 불 착 육 처　　이 불 영 멸
魔나 而不分別諸魔하고 雖不着六處나 而不永滅

육 처
六處하고

　비록 다섯 가지 쌓임을 관찰하면서도 여러 가지 쌓임을 아주 멸하지 않고, 비록 네 가지 마魔를 초월하고도 모든 마를 분별하지 않고, 비록 여섯 곳[六處]에 집착하지 않으면서도 여섯 곳을 아주 멸하지 않고,

　　수 안 주 진 여　　이 불 타 실 제　　수 설 일 체 승
　　雖安住眞如나　**而不墮實際**하고　**雖說一切乘**이나

이 불 사 대 승　　차 대 누 각　　시 주 여 시 등 일 체 제
而不捨大乘이니　**此大樓閣**이　**是住如是等一切諸**

공 덕 자 지 소 주 처
功德者之所住處로다

　비록 진여에 편안히 머무르면서도 실제에 떨어지지 않고, 비록 모든 승乘을 말하면서도 대승을 버리지 않나니, 이 큰 누각은 이와 같은 모든 공덕에 머무르는 이가 머무는 곳이리라.' 라고 하였습니다.

　선재동자는 불법 가운데 큰 성인이시고 부처님의 장자

長子이신 미륵보살을 생각하면서 자신이 증득한 모든 불법을 남김없이 다 열거하면서 이와 같은 분이 머무는 곳이리라고 하였다.

3〉 선재동자가 게송으로 찬탄하다

〈1〉 게송으로 찬탄하는 전체의 뜻

이 시　　선 재 동 자　　이 설 송 언
爾時에 **善財童子**가 **而說頌言**하되

그때에 선재동자가 게송을 말하였습니다.

차 시 대 비 청 정 지　　　이 익 세 간 자 씨 존
此是大悲淸淨智로　　**利益世間慈氏尊**의

관 정 지 중 불 장 자　　　입 여 래 경 지 주 처
灌頂地中佛長子가　　**入如來境之住處**로다

이렇게 자비하고 청정한 지혜

세간을 이익되게 하는 미륵보살님

정수리에 물을 부은 부처님의 장자長子

여래의 경계에 드신 이의 머무시는 곳입니다.

일 체 명 문 제 불 자
一切名聞諸佛子가

이 입 대 승 해 탈 문
已入大乘解脫門하야

유 행 법 계 심 무 착
遊行法界心無着한

차 무 등 자 지 주 처
此無等者之住處로다

온 세계에 소문나신 부처님 아들
대승의 해탈문에 이미 들어가셨고
법계를 다니어도 집착이 없어
이는 같을 이 없는 이의 머무시는 곳입니다.

선재동자는 산문에서 그토록 찬탄하고도 아직 못다 한
마음이 남아서 미륵보살이 머무는 곳인 비로자나장엄장 큰
누각을 다시 게송으로 찬탄하였다. 먼저 전체적인 뜻을 간
략히 밝히고 아래에 자세히 설명한다. 어떤 곳이든지 그곳에
는 반드시 그 사람이 머문다. 그러므로 그곳은 곧 그 사람
이 될 수도 있다. 비로자나장엄장 큰 누각은 곧 미륵보살이
며 미륵보살의 덕화이다.

<2> 자리행自利行의 수승함

시 계 인 진 선 지 혜
施戒忍進禪智慧와

방 편 원 력 급 신 통
方便願力及神通의

여 시 대 승 제 도 법
如是大乘諸度法을

실 구 족 자 지 주 처
悉具足者之住處로다

보시 지계 인욕 정진 선정과 지혜

방편과 원과 힘과 신통까지

이와 같은 대승의 여러 가지 바라밀다를

모두 다 갖춘 이의 머무시는 곳입니다.

비로자나장엄장 큰 누각은 곧 미륵보살이며 미륵보살의
덕화이다. 그래서 불법 가운데 육바라밀과 십바라밀과 그
외에도 사무량심과 사섭법 등 무수한 바라밀을 모두 갖춘
선지식이 머무는 곳이라고 찬탄하였다.

지 혜 광 대 여 허 공
智慧廣大如虛空하야

보 지 삼 세 일 체 법
普知三世一切法이

무 애 무 의 무 소 취
無礙無依無所取하야

요 제 유 자 지 주 처
了諸有者之住處로다

지혜가 광대하기 허공과 같고
세 세상 모든 법을 두루 다 알아
걸림 없고 의지함 없고 집착 없으니
있는 줄 아는 이의 머무시는 곳입니다.

지혜가 허공과 같이 넓으면 삼세의 일체 법의 실체를 잘
안다. 삼세의 일체 법이 텅 비었음을 잘 알므로 걸림도 없고
의지함도 없으면서 삼세 일체 법이 있음을 잘 아는 선지식이
머무는 곳이 저 큰 누각이다.

선 능 해 료 일 체 법
善能解了一切法이

무 성 무 생 무 소 의
無性無生無所依하야

여 조 비 공 득 자 재
如鳥飛空得自在한

차 대 지 자 지 주 처
此大智者之住處로다

모든 법이 성품 없고 나지도 않고
의지할 데 없음을 분명히 알며
허공을 새가 날듯 자유자재한
큰 지혜 있는 이의 머무시는 곳입니다.

모든 법이 성품도 없고 나지도 않고 의지할 데 없음을 분명히 알아 마치 새가 허공을 나는 듯 자유자재하다. 이와 같은 큰 지혜 가진 분이 머무는 곳이 저 큰 누각이다.

요 지 삼 독 진 실 성   분 별 인 연 허 망 기
了知三毒眞實性이   **分別因緣虛妄起**호대

역 불 염 피 이 구 출   차 적 정 인 지 주 처
亦不厭彼而求出하는   **此寂靜人之住處**로다

삼독三毒의 진실한 성품은

인연을 분별하여 허망하게 일어남을 알지만

또한 그것을 싫다 하여 벗어남을 구하지 않는

이렇게 적정한 분이 머무시는 곳입니다.

사람의 탐욕과 분노와 어리석음의 진실한 실체는 모두가 분별망상으로 인하여 허망하게 일어난 것이다. 그러나 보살은 그와 같은 사실을 잘 알면서 그것을 싫다 하여 벗어나려고 하지 않는다. 아라한은 삼독을 싫다 하여 벗어나려 하지만 보살은 삼독과 더불어 함께한다. 삼독에 허덕이

는 중생들을 교화하려면 삼독을 싫어할 수 없는 일이기 때문이다.

삼 해 탈 문 팔 성 도
三解脫門八聖道와

제 온 처 계 급 연 기
諸蘊處界及緣起를

실 능 관 찰 불 취 적
悉能觀察不趣寂하는

차 선 교 인 지 주 처
此善巧人之住處로다

세 가지 해탈문과 여덟 가지 바른 길[八正道]

오온과 십이처와 십팔계와 모든 연기緣起를

모두 다 살피고도 고요한 데 나아가지 않는

훌륭하고 교묘한 분이 머무시는 곳입니다.

세 가지 해탈 즉 삼해탈三解脫이란 또는 삼공문三空門·삼삼매三三昧이다. 해탈을 얻는 세 가지 방법으로, 첫째는 공해탈문空解脫門인데 일체 만유가 다 공空하다고 관하는 일이다. 둘째는 무상해탈문無相解脫門으로 상대적 차별한 모양이 없다고 관하는 일이다. 셋째는 무작해탈문無作解脫門으로 무원해탈문無願解脫門이라고도 하는데 일체 것을 구할 것이 없다고 관함을 말한다.

팔성도八聖道란 팔정도지八正道支 · 팔정도분八正道分 · 팔정
도八正道이다. 불교 실천 수행의 중요한 종목을 8종으로 나
눈 것이다. 이것이 중정中正 · 중도中道의 완전한 수행법이므
로 정도, 성인의 도이므로 성도, 또 8종으로 나누었으므로
지 또는 분이라 한다. 정견正見 · 정사유正思惟 · 정어正語 · 정
업正業 · 정명正命 · 정정진正精進 · 정념正念 · 정정正定의 중정 · 중
도의 완전한 수행법이라는 뜻이다. 부처님이 최초의 설법에
서 설하셨으며 4제 · 12인연과 함께 불교의 원시적 근본 교
의가 되는 것이다.

오온五蘊과 십이처十二處와 십팔계十八界는 흔히 온처계蘊處
界 삼과三科법문이라고 한다. 이 삼해탈과 팔정도와 삼과법
문과 연기의 이치 등은 초기 근본불교에서 가장 중심적으로
가르치는 교리이다. 이 법문을 잘 알아서 적정한 경지에 나
아가는 것이 초기불교의 목적이다. 그러나 보살은 그와 같
은 이치를 모두 잘 살피고도 적정한 경지에 나아가서 그곳에
머물러 있지 않는다. 보살은 중생들을 교화하기 바빠서 그
와 같은 적정한 경지에 머물러 있을 겨를이 없기 때문이다.

그것이 보살의 선교善巧라는 중생을 교화하는 데 그 수단과
방법이 아주 빼어난 능력이며 방편이다. 저 큰 누각은 그와
같은 보살이 머무는 곳이다.

시 방 국 토 급 중 생
十方國土及衆生을

이 무 애 지 함 관 찰
以無礙智咸觀察하야

요 성 개 공 불 분 별
了性皆空不分別하는

차 적 멸 인 지 주 처
此寂滅人之住處로다

시방의 국토와 모든 중생을
걸림 없는 지혜로 모두 살피어
그 본성이 공한 줄을 알아서 분별하지 않는
고요한 데 드신 이의 머무시는 곳입니다.

보살은 걸림이 없는 지혜로 때로는 시방국토와 모든 중
생들이 텅 비어 공한 줄을 알아 그것을 분별하지 않는다. 그
렇다면 그 마음은 얼마나 적정할까.

보 행 법 계 실 무 애
普行法界悉無礙호대

이 구 행 성 불 가 득
而求行性不可得이

여 풍 행 공 무 소 행
如風行空無所行하는

차 무 의 자 지 주 처
此無依者之住處로다

온 법계를 두루 다니면서 걸림 없으나

가는 성품 구하여도 얻을 수 없어

공중에 바람 불듯 종적 없나니

의지할 데 없는 이의 머무시는 곳입니다.

보살은 온 법계에서 가도 가는 것이 아니고 와도 오는 것이 아니다. 가고 오는 실체의 성품을 찾을 길이 없다. 마치 공중에 바람이 불듯 하여 그 종적이 없는 것과 같다. 이와 같이 자유자재하여 거칠 것 없는 분이 머무시는 누각이다. 선재동자가 저 뛰어난 누각을 찬탄하면서 그 누각에 머무시는 보살의 자리행自利行이 수승함을 밝힌 내용이다.

〈3〉 이타행利他行의 수승함

보 견 악 도 군 생 류
普見惡道群生類가
　　　수 제 초 독 무 소 귀
　　　受諸楚毒無所歸하고

방 대 자 광 실 제 멸
放大慈光悉除滅하는
　　　차 애 민 자 지 주 처
　　　此哀愍者之住處로다

악도에 있는 모든 중생이
온갖 고통 받으며 돌아갈 데 없음을 두루 살피고
큰 자비의 광명 놓아 다 없애나니
불쌍하게 여기는 이의 머무시는 곳입니다.

　원만한 보살은 자신도 이익하고 다른 이도 이익하게 하
는 행을 다 갖춘 사람이다. 자기만 이롭게 하는 것은 보통
사람들이 다 하지만 다른 이도 함께 이롭게 하는 것은 아무
나 할 수 있는 일이 아니다. 이 큰 누각에 계시는 보살은 자
리와 이타의 행이 모두 원만한 분임을 밝혔다.

견 제 중 생 실 정 도
見諸衆生失正道가
　　　비 여 생 맹 천 외 도
　　　譬如生盲踐畏途하고

인 기 영 입 해 탈 성
引其令入解脫城하는

차 대 도 사 지 주 처
此大導師之住處로다

모든 중생들이 바른 길을 잃어버린 것이

마치 맹인이 위험한 길을 걷는 듯한데

그를 인도하여 해탈성에 들게 하나니

이와 같은 큰 안내자가 머무시는 곳입니다.

견 제 중 생 입 마 망
見諸衆生入魔網하야

생 로 병 사 상 핍 박
生老病死常逼迫하고

영 기 해 탈 득 위 안
令其解脫得慰安하는

차 용 건 인 지 주 처
此勇健人之住處로다

모든 중생들이 마의 그물에 들어

나고 늙고 병들고 죽음에 항상 시달림을 보고

그들을 해탈케 하여 위안하나니

이렇게 용맹한 이의 머무시는 곳입니다.

견 제 중 생 영 혹 병
見諸衆生嬰惑病하고

이 흥 광 대 비 민 심
而興廣大悲愍心하야

이 지 혜 약 실 제 멸　　차 대 의 왕 지 주 처
以智慧藥悉除滅하는　　**此大醫王之住處**로다

모든 중생 어리고 미혹함을 보고
넓고 큰 연민심 일으키어서
지혜의 약으로써 다 소멸해 주는
이러한 큰 의사가 머무시는 곳입니다.

견 제 군 생 몰 유 해　　침 륜 우 박 수 중 고
見諸群生沒有海하야　　**沈淪憂迫受衆苦**하고

실 이 법 선 이 구 지　　차 선 도 자 지 주 처
悉以法船而救之하는　　**此善度者之住處**로다

중생들이 나고 죽는 바다에 빠져
헤매고 근심하며 괴로워함을 보고
그들을 법의 배로써 건지시나니
이렇게 잘 건지시는 분이 머무시는 곳입니다.

견 제 중 생 재 혹 해　　능 발 보 리 묘 보 심
見諸衆生在惑海하야　　**能發菩提妙寶心**하야

실 입 기 중 이 제 발   차 선 어 인 지 주 처
悉入其中而濟拔하는   此善漁人之住處로다

중생들이 번뇌 바다 헤매는 것을 보고

보리의 묘한 보배 마음을 내어

그 가운데 들어가 건지시나니

사람을 잘 낚는 이의 머무시는 곳입니다.

항 이 대 원 자 비 안   보 관 일 체 제 중 생
恒以大願慈悲眼으로   普觀一切諸衆生하고

종 제 유 해 이 발 출   차 금 시 왕 지 주 처
從諸有海而拔出하는   此金翅王之住處로다

언제나 큰 서원과 자비하신 눈으로

일체 모든 중생들을 두루 살피고

모든 생사의 바다에서 건져 내나니

이러한 금시조왕이 머무시는 곳입니다.

금시조金翅鳥는 범어로 가루라迦樓羅 · 가류라加留羅 · 계로
다揭嚕荼라 음역하는데 묘시조妙翅鳥라고도 번역한다. 인도 신

화의 가공의 대조大鳥이다. 이상화된 신령스러운 새로서 사천하四天下의 대수大樹에 내려 용을 잡아먹고 양 날개를 펴면 336만리나 된다고 한다. 그 날개는 금색이다. 대승경전에서는 천룡인부중天龍人部衆의 하나이고, 밀교에서는 범천梵天·대자재천大自在天이 중생을 구하기 위해 이 새의 모습을 빌려 나타난다고 한다. 또는 문수보살의 화신이라고도 한다. 미륵보살을 이와 같은 금시조에 비유하였다.

비 여 일 월 재 허 공
譬如日月在虛空에

일 체 세 간 미 불 촉
一切世間靡不燭하야

지 혜 광 명 역 여 시
智慧光明亦如是한

차 조 세 자 지 주 처
此照世者之住處로다

마치 해와 달이 공중에 떠 있으면서
모든 세간 비추지 않는 데 없듯
지혜의 광명함도 또한 그와 같아서
세상을 비추는 이의 머무시는 곳입니다.

보 살 위 화 일 중 생   보 진 미 래 무 량 겁
菩薩爲化一衆生하야   普盡未來無量劫하나니

여 위 일 인 일 체 이   차 구 세 자 지 주 처
如爲一人一切爾한   此救世者之住處로다

보살이 한 중생을 교화하려고

미래의 한량없는 겁을 모두 다하나니

한 사람과 같이 일체 중생도 다 그렇게 하는

세상을 건지는 이의 머무시는 곳입니다.

어 일 국 토 화 중 생   진 미 래 겁 무 휴 식
於一國土化衆生호대   盡未來劫無休息하며

일 일 국 토 함 여 시   차 견 고 의 지 주 처
一一國土咸如是하는   此堅固意之住處로다

한 국토의 중생을 교화하는데

오는 세월 끝나도록 쉬지 않듯이

하나하나 국토에도 다 그러하니

이처럼 견고한 뜻 지닌 이의 머무시는 곳입니다.

미륵보살의 이타행利他行이 원만함을 밝힌 내용이다. 흔

히 말하는 보살의 보리심이라는 것도 이타심이다. 보살은
얼마나 다른 사람을 위하는가. 한 중생을 교화하려고 미래
의 한량없는 겁이 모두 다하도록 정성을 쏟고 온갖 노력을
기울인다. 그 한 사람에게 하는 것과 같이 일체 중생에게도
다 그렇게 정성을 쏟고 노력을 기울인다. 또 한 국토에서 그
렇게 하듯이 시방세계 낱낱 국토에서 다 그와 같이 한다. 이
것이 미륵보살의 이타심이다.

〈4〉 공덕功德의 수승함

시 방 제 불 소 설 법
十方諸佛所說法을

일 좌 보 수 함 령 진
一座普受咸令盡호대

진 미 래 겁 항 실 연
盡未來劫恒悉然하는

차 지 해 인 지 주 처
此智海人之住處로다

시방의 모든 부처님이 말씀하신 법을
한 자리에서 모두 받아 모두 다하며
미래 겁이 끝나도록 항상 다 그러해
지혜 바다 가진 이의 머무시는 곳입니다.

변 유 일 체 세 계 해
偏遊一切世界海하며

보 입 일 체 도 량 해
普入一切道場海하며

공 양 일 체 여 래 해
供養一切如來海하는

차 수 행 자 지 주 처
此修行者之住處로다

모든 세계 바다에 두루 노닐며

모든 도량 바다에 두루 들어가

모든 여래 바다에 공양하나니

이런 행을 닦는 이의 머무시는 곳입니다.

수 행 일 체 묘 행 해
修行一切妙行海하며

발 기 무 변 대 원 해
發起無邊大願海하야

여 시 경 어 중 겁 해
如是經於衆劫海하는

차 공 덕 자 지 주 처
此功德者之住處로다

일체 미묘한 행의 바다를 닦아 행하고

그지없는 서원 바다 일으키어서

이와 같이 많은 겁의 바다를 지내시나니

이런 공덕 있는 이의 머무시는 곳입니다.

일 모 단 처 무 량 찰
一毛端處無量刹과

불 중 생 겁 불 가 설
佛衆生劫不可說을

여 시 명 견 미 부 주
如是明見靡不周하는

차 무 애 안 지 주 처
此無礙眼之住處로다

한 털끝에 한량없는 세계가 있고

부처님과 중생과 겁이 말할 수 없어

이와 같은 것을 분명하게 두루 보나니

걸림 없는 눈 가진 이의 머무시는 곳입니다.

일 념 보 섭 무 변 겁
一念普攝無邊劫과

국 토 제 불 급 중 생
國土諸佛及衆生하야

지 혜 무 애 실 정 지
智慧無礙悉正知하는

차 구 덕 인 지 주 처
此具德人之住處로다

한 생각에 그지없는 겁을 거두어

국토와 모든 부처님과 그리고 중생들을

걸림 없는 지혜로 다 바로 아나니

이런 공덕 갖춘 이의 머무시는 곳입니다.

시 방 국 토 쇄 위 진
十方國土碎爲塵하고

일 체 대 해 이 모 적
一切大海以毛滴하야

보 살 발 원 수 여 시
菩薩發願數如是한

차 무 애 자 지 주 처
此無礙者之住處로다

시방국토를 부수어 티끌 만들고

일체 큰 바닷물을 털끝으로 찍어 낸 수효

보살이 세운 서원의 수도 이와 같나니

걸림 없는 이의 머무시는 곳입니다.

성 취 총 지 삼 매 문
成就總持三昧門과

대 원 제 선 급 해 탈
大願諸禪及解脫하야

일 일 개 주 무 변 겁
一一皆住無邊劫하는

차 진 불 자 지 주 처
此眞佛子之住處로다

다라니와 삼매와 큰 서원과

모든 선정과 해탈을 성취하여

낱낱이 그지없는 겁에 머무나니

이러한 참불자의 머무시는 곳입니다.

무 량 무 변 제 불 자　　　종 종 설 법 도 중 생
無量無邊諸佛子가　　**種種說法度衆生**하며

역 설 세 간 중 기 술　　　차 수 행 자 지 주 처
亦說世間衆技術하는　　**此修行者之住處**로다

한량없고 그지없는 모든 불자들
가지가지 법을 설해 중생 건지며
세간의 모든 기술 말씀하나니
이런 행을 닦는 이의 머무시는 곳입니다.

큰 누각에는 자리행과 이타행에 이어서 공덕이 수승한 분이 계시다는 것을 밝혔다. 모든 세계 바다에 두루 노닐며 모든 도량 바다에 두루 들어가 모든 여래 바다에 공양하는 등 보살이 온갖 수행을 다 갖추고 가지가지 법을 설해서 중생들을 건지며, 심지어 세간의 모든 기술들까지 말씀하여 가르치는 수행자가 머무는 곳이라고 하였다.

〈5〉 방편方便의 수승함

성 취 신 통 방 편 지　　　수 행 여 환 묘 법 문
成就神通方便智하고　　**修行如幻妙法門**하야

시 방 오 취 실 현 생   차 무 애 자 지 주 처
十方五趣悉現生하는   **此無礙者之住處**로다

신통과 방편과 지혜를 성취하고

환술 같은 묘한 법문 닦아 행하며

시방의 다섯 길에 태어남을 나타내나니

걸림 없는 이의 머무시는 곳입니다.

이 누각에 계시는 분은 또 신통과 방편과 지혜를 성취하
였고 환술과 같은 묘한 법문을 닦아 행하며 시방의 다섯 길
에 태어남을 나타내는 등 걸림이 없는 수승한 방편을 다 갖
추었다는 것을 밝혔다.

보 살 시 종 초 발 심   구 족 수 행 일 체 행
菩薩始從初發心으로   **具足修行一切行**하야

화 신 무 량 변 법 계   차 신 력 자 지 주 처
化身無量徧法界하는   **此神力者之住處**로다

보살이 처음으로 발심하면서

모든 행을 구족하게 닦아 행하여

화신化身이 한량없이 법계에 가득한
이런 신통 있는 이의 머무시는 곳입니다.

일 념 성 취 보 리 도　　　　보 작 무 변 지 혜 업
一念成就菩提道하야　　　　普作無邊智慧業이여

세 정 사 려 실 발 광　　　　차 난 량 자 지 주 처
世情思慮悉發狂하는　　　　此難量者之住處로다

한 생각에 보리도를 성취하여
그지없는 지혜의 업 두루 지었음이여,
세상의 정으로는 생각 생각 발광하나니
측량할 수 없는 이의 머무시는 곳입니다.

　보살이 보리도를 성취하고 그지없는 지혜의 업을 널리
짓다가 때로는 세상의 인정을 따라 수많은 생각들을 일으
키는 것이 마치 미친 사람과 같다. 그러므로 보살의 역행逆
行과 순행順行을 측량할 수 없다. 이것이 또한 보살의 수승한
방편이다.

성 취 신 통 무 장 애
成就神通無障礙하야

유 행 법 계 미 부 주
遊行法界靡不周호대

기 심 미 상 유 소 득
其心未嘗有所得한

차 정 혜 자 지 주 처
此淨慧者之住處로다

신통을 성취하여 걸림이 없고

법계를 모두 돌아다니지마는

그 마음 조금도 얻은 것 없어

청정한 지혜 가진 이의 머무시는 곳입니다.

보 살 수 행 무 애 혜
菩薩修行無礙慧하야

입 제 국 토 무 소 착
入諸國土無所着하며

이 무 이 지 보 조 명
以無二智普照明하는

차 무 아 자 지 주 처
此無我者之住處로다

보살이 걸림 없는 지혜를 닦고

여러 국토에 들어가도 집착이 없어

둘이 없는 지혜로 널리 비추니

나가 없는 이[無我者]의 머무시는 곳입니다.

요 지 제 법 무 의 지
了知諸法無依止하야

본 성 적 멸 동 허 공
本性寂滅同虛空하고

상 행 여 시 경 계 중
常行如是境界中하는

차 이 구 인 지 주 처
此離垢人之住處로다

모든 법이 의지함이 없고

본성이 적멸하여 허공 같음을 알아

이와 같은 경계에 항상 노니는

때를 떠난 사람이 머무시는 곳입니다.

보 견 군 생 수 제 고
普見群生受諸苦하고

발 대 인 자 지 혜 심
發大仁慈智慧心하야

원 상 이 익 제 세 간
願常利益諸世間하는

차 비 민 자 지 주 처
此悲愍者之住處로다

중생들이 모든 고통 받음을 보고

인자하고 지혜로운 마음을 내어

모든 세간 이익하기 항상 원하니

가엾이 여기는 이의 머무시는 곳입니다.

미륵보살의 수승한 큰 방편은 중생들이 온갖 고통 받는

것을 보고 자비롭고 지혜로운 마음을 내어 모든 세간을 이익하게 하기 위하여 항상 서원한다. 그러므로 보살의 서원은 자비와 지혜, 지혜와 자비로 표현된다. 이것이 미륵보살의 수승한 방편이다.

〈6〉 아래로는 중생을 교화하다

불 자 주 어 차
佛子住於此하사

보 현 중 생 전
普現衆生前이

유 여 일 월 륜
猶如日月輪하야

변 제 생 사 암
徧除生死暗이로다

불자가 여기에 있으면서
중생들 앞에 두루 나타나
마치 해와 달처럼
생사의 어둠을 다 제해 버립니다.

불 자 주 어 차
佛子住於此하사

보 순 중 생 심
普順衆生心하야

변 현 무 량 신
變現無量身하사

충 만 시 방 찰
充滿十方刹이로다

불자가 여기에 있으면서
중생들의 마음 널리 수순해
한량없는 몸을 나타내어
시방세계에 가득합니다.

선재동자는 비로자나장엄장 큰 누각 앞에 이르러 공경히
예배하고 마음을 다해 찬탄하였다. 먼저 자리행이 수승한
분이 계시리라 찬탄하고, 그리고 이타행이 수승한 분이 계시
리라 찬탄하고, 또 공덕이 수승하고 방편이 수승한 분이 계
시리라 찬탄하였다. 이제 미륵보살은 이 누각에 머물면서
아래로 중생을 교화하는 일이 원만하리라고 찬탄하였다.

⟨7⟩ 위로는 불법을 구하다

불 자 주 어 차
佛子住於此하사

변 유 제 세 계
徧遊諸世界의

일 체 여 래 소
一切如來所를

무 량 무 수 겁
無量無數劫이로다

불자가 여기에 있으면서
모든 세계의 일체 여래 계신 데를
한량없고 수없는 겁 동안
두루 다니십니다.

불 자 주 어 차
佛子住於此하사

사 량 제 불 법
思量諸佛法을

무 량 무 수 겁
無量無數劫호대

기 심 무 염 권
其心無厭倦이로다

불자가 여기에 있으면서
모든 부처님 법 생각하는데
한량없고 수없는 겁 동안
그 마음 싫은 줄 모릅니다.

　다음으로 이 누각에 계시는 미륵보살은 모든 세계의 일
체여래 계신 데를 한량없고 수없는 겁 동안 두루 다니면서
모든 부처님 법을 생각하는 데 한량없고 수없는 겁 동안 하
여도 그 마음 싫은 줄 모르면서 위로는 불법을 구하는 분이

라고 찬탄하였다.

〈8〉 삼매가 자재하다

불 자 주 어 차
佛子住於此하사

염 념 입 삼 매
念念入三昧하야

일 일 삼 매 문
一一三昧門에

천 명 제 불 경
闡明諸佛境이로다

불자가 여기에 있으면서

잠깐잠깐마다 삼매에 들고

낱낱 삼매문에서

모든 부처님의 경계를 열어 밝힙니다.

불 자 주 어 차
佛子住於此하사

실 지 일 체 찰
悉知一切刹에

무 량 무 수 겁
無量無數劫의

중 생 불 명 호
衆生佛名號로다

불자가 여기에 있으면서

모든 세계의

한량없고 수없는 겁의

중생과 부처님의 이름을 모두 다 압니다.

불 자 주 어 차
佛子住於此하사

일 념 섭 제 겁
一念攝諸劫하야

단 수 중 생 심
但隨衆生心하고

이 무 분 별 상
而無分別想이로다

불자가 여기에 있으면서

한 생각에 모든 겁을 거두어들이되

다만 중생들의 마음을 따를 뿐

분별하는 생각은 조금도 없습니다.

불 자 주 어 차
佛子住於此하사

수 습 제 삼 매
修習諸三昧하야

일 일 심 념 중
一一心念中에

요 지 삼 세 법
了知三世法이로다

불자가 여기에 있으면서

모든 삼매를 닦아 익히고

하나하나 마음속마다

세 세상 법을 분명히 압니다.

불 자 주 어 차
佛子住於此하사

결 가 신 부 동
結跏身不動하고

보 현 일 체 찰
普現一切刹

일 체 제 취 중
一切諸趣中이로다

불자가 여기에 있으면서

가부좌한 몸 움직이지 않고

모든 세계와 모든 갈래에

그 몸을 두루 나타냅니다.

선재동자는 미륵보살이 이 큰 누각에 계시면서 일체 삼매에 자유자재한 경지를 찬탄하였다. 미륵보살은 이 누각에 있으면서 모든 삼매를 닦아 익히고, 하나하나 마음속마다 세 세상 법을 분명히 알며, 또 몸은 가부좌하여 조금도 움직이지 않은 상태에서 모든 세계와 모든 갈래에 두루 나타낸다. 이것이 보살의 삼매의 힘이다.

〈9〉 지혜가 넓고 깊다

불 자 주 어 차
佛子住於此하사

음 제 불 법 해
飮諸佛法海하며

심 입 지 혜 해
深入智慧海하니

구 족 공 덕 해
具足功德海로다

불자가 여기에 있으면서

모든 부처님 법의 바다를 다 마시고

지혜 바다에 깊이 들어가

공덕 바다를 구족하였습니다.

불 자 주 어 차
佛子住於此하사

실 지 제 찰 수
悉知諸刹數와

세 수 중 생 수
世數衆生數하며

불 명 수 역 연
佛名數亦然이로다

불자가 여기에 있으면서

모든 세계 수효를 모두 다 알고

세상의 수효와 중생의 수효

부처님 이름과 수효도 그러합니다.

불 자 주 어 차
佛子住於此하사

일 념 실 능 료
一念悉能了

일 체 삼 세 중
一切三世中에

국 토 지 성 괴
國土之成壞로다

불자가 여기에 있으면서

세 세상 가운데 있는

국토가 이룩되고 무너지는 것을

한 생각에 모두 다 압니다.

불 자 주 어 차
佛子住於此하사

보 지 불 행 원
普知佛行願과

보 살 소 수 행
菩薩所修行과

중 생 근 성 욕
衆生根性欲이로다

불자가 여기에 있으면서

부처님의 행行과 서원과

보살들의 닦는 행과

중생들의 근성과 욕망을 널리 다 압니다.

불 자 주 어 차
佛子住於此하사

견 일 미 진 중
見一微塵中에

무 량 찰 도 량
無量刹道場과

중 생 급 제 겁
衆生及諸劫하고

불자가 여기에 있으면서

한 먼지 속에 있는

한량없는 세계와 도량과

중생과 겁을 모두 다 보고

여 일 미 진 내
如一微塵內하야

일 체 진 역 연
一切塵亦然하사

종 종 함 구 족
種種咸具足하며

처 처 개 무 애
處處皆無礙로다

한 먼지 속과 같이

모든 먼지도 또한 모두 그러해

가지가지 다 구족하여

곳곳에 다 걸림이 없습니다.

불 자 주 어 차
佛子住於此하사

보 관 일 체 법
普觀一切法과

중 생 찰 급 세
衆生刹及世가

무 기 무 소 유
無起無所有로다

불자가 여기에 있으면서

모든 법과 중생과

세계와 시간이 일어나지도 않고

있는 것도 아님을 모두 봅니다.

지혜가 넓고 깊음을 찬탄하였다. 미륵보살은 지혜가 깊어서 모든 부처님의 법의 바다를 다 마시고, 지혜의 바다에 깊이 들어가 공덕 바다를 모두 구족하였다. 즉 미륵보살은 부처님의 법을 다 성취하였으며, 부처님의 지혜와 공덕을 다 이루었음을 밝힌 것이다.

〈10〉 예경하고 가피를 청하다

관 찰 중 생 등
觀察衆生等과

법 등 여 래 등
法等如來等과

찰 등 제 원 등
刹等諸願等과

삼 세 실 평 등
三世悉平等이로다

중생을 보는 것처럼

법도 그렇고 여래도 그렇고

세계도 그렇고 모든 서원도 그러해

세 세상이 다 평등합니다.

불 자 주 어 차
佛子住於此하사

교 화 제 군 생
敎化諸群生하며

공 양 제 여 래
供養諸如來하며

사 유 제 법 성
思惟諸法性하시니

불자가 여기에 있으면서

모든 중생을 교화하고

모든 여래께 공양하며

모든 법의 성품을 생각하며

무 량 천 만 겁
無量千萬劫의

소 수 원 지 행
所修願智行이

광 대 불 가 량
廣大不可量이라

칭 양 막 능 진
稱揚莫能盡이로다

한량없는 천만 겁에

닦은 바 서원과 지혜와 행行이

광대하기 한량이 없어

다 능히 칭찬할 수 없습니다.

피 제 대 용 맹
彼諸大勇猛이

소 행 무 장 애
所行無障礙하야

안 주 어 차 중
安住於此中이실새

아 합 장 경 례
我合掌敬禮하노이다

저 모든 크게 용맹하신 분이

행하신 바가 걸림이 없어

이 가운데 편안히 머무시니

제가 이제 합장하고 경례합니다.

제 불 지 장 자
諸佛之長子인

성 덕 자 씨 존
聖德慈氏尊이여

아 금 공 경 례
我今恭敬禮하노니

원 수 고 념 아
願垂顧念我하소서

모든 부처님의 장자長子이시며

성스러운 덕 자씨존慈氏尊이시여

제가 이제 공경히 경례하오니

원컨대 저를 돌보아 주십시오.

선재동자가 모든 부처님의 장자長子이시며 성스러운 덕을
소유하신 자씨존慈氏尊 미륵보살에게 공경히 예를 올리고 돌
보아 주시라는 가피를 청하였다.

(2) 미륵보살의 정보正報

1〉 미륵보살을 친견하다

이 시   선 재 동 자   이 여 시 등 일 체 보 살 무 량
爾時에 **善財童子**가 **以如是等一切菩薩無量**

칭 양 찬 탄 법   이 찬 비 로 자 나 장 엄 장 대 누 각 중
稱揚讚歎法으로 **而讚毘盧遮那莊嚴藏大樓閣中**

제 보 살 이   곡 궁 합 장   공 경 정 례   일 심 원
諸菩薩已하고 **曲躬合掌**하며 **恭敬頂禮**하야 **一心願**

견 미륵보살　　친근공양
見彌勒菩薩하야 **親近供養**이러니

　그때에 선재동자는 이와 같은 등 모든 보살들의 한량없이 칭찬하고 찬탄하는 법으로 비로자나장엄장 큰 누각 안에 계시는 모든 보살들을 찬탄하고는 허리를 굽혀 합장하고 공경하고 예배하여 일심으로 미륵보살을 뵙고 친근하고 공양하기를 원하였습니다.

내 견 미륵 보 살 마 하 살　종 별 처 래　　　무 량
乃見彌勒菩薩摩訶薩이 **從別處來**하신대 **無量**

천 룡 야 차 건 달 바 아 수 라 가 루 라 긴 나 라 마 후 라
天龍夜叉乾闥婆阿修羅迦樓羅緊那羅摩睺羅

가 왕　석 범 호 세　급 본 생 처 무 량 권 속　바 라 문
伽王과 **釋梵護世**와 **及本生處無量眷屬**과 **婆羅門**

중　급 여 무 수 백 천 중 생　전 후 위 요　이 공 래
衆과 **及餘無數百千衆生**이 **前後圍繞**하야 **而共來**

향 장 엄 장 대 누 관 소　선 재　견 이　환 희 용 약
向莊嚴藏大樓觀所하고 **善財**가 **見已**에 **歡喜踊躍**

오 체 투 지
하야 **五體投地**하니라

문득 보니 미륵보살마하살이 다른 데로부터 오시는
데 한량없는 천신과 용과 야차와 건달바와 아수라와 가
루라와 긴나라와 마후라가왕과 제석천왕과 범천왕과 사
천왕과 본래 태어난 데 있는 한량없는 권속과 바라문과
그리고 수없는 백천 중생들이 앞뒤로 호위하고 함께 와
서 장엄장 큰 누각으로 향하시었습니다. 선재동자가 보
고는 환희하고 용약하여 오체를 땅에 던졌습니다.

선재동자는 게송으로 비로자나장엄장 큰 누각에 계실 미
륵보살을 크게 찬탄하고, 허리를 굽혀 합장하고 공경하며
예배하여 일심으로 미륵보살을 뵙고 친근하고 공양하기를
원하였다. 그런데 미륵보살은 다른 데로부터 이 누각으로
오시었다. 다른 데로부터 이 누각에 오신 것을 청량스님은
소疏에서 "다른 데로부터 왔다는 말은 교화를 거두고 본체
에 나아간 까닭이며, 근본으로 돌아온 까닭이며, 또한 자비
로우신 분[慈氏]이 생각하는 곳에 응하여 이르러 가고 장소에
집착하지 않음을 나타낸 까닭이다."[1]라고 하였다.

미륵보살이 한량없는 천신과 용과 야차와 건달바와 아수라와 가루라와 긴나라 등 대중과 함께 장엄장 큰 누각으로 오시니 선재동자가 미륵보살을 보고는 환희하고 용약하여 오체를 땅에 던졌다.

2〉 미륵보살이 선재동자를 찬탄하다

〈1〉 선지식을 찾아온 수승한 덕을 찬탄하다

시 미륵보살 관찰선재 지시대중 탄
時에 **彌勒菩薩**이 **觀察善財**하고 **指示大衆**하사 **歎**

기공덕 이설송왈
其功德하야 **而說頌曰**

그때에 미륵보살이 선재동자를 살펴보고 대중에게 지시하며 그의 공덕을 찬탄하여 게송을 설하였습니다.

여 등 관 선 재   지 혜 심 청 정
汝等觀善財하라   **智慧心淸淨**하니

---

1) 言【別處來】者, 攝化就機故. 還來歸本故. 亦顯慈氏應念而至, 不著處故.

위 구 보 리 행
爲求菩提行하야　　　**而來至我所**로다
이 래 지 아 소

그대들은 선재동자를 보십시오.

지혜롭고 마음이 청정하여

보리행을 구하기 위하여

나의 처소에 이르러 왔습니다.

미륵보살이 선재동자를 찬탄한 게송은 모두 113송이다. 처음 한 게송은 대중들에게 선재동자가 보리행을 구하기 위하여 자신의 처소에 이르러 온 것을 밝혔고, 다음으로 중간의 모든 게송은 선재동자의 수승한 덕을 특별히 찬탄하였다. 마지막 한 게송은 다음의 선지식을 가리켜 보인 내용이다.

선 래 원 만 자　　　　선 래 청 정 비
善來圓滿慈며　　　　**善來清淨悲**며

선 래 적 멸 안　　　　수 행 무 해 권
善來寂滅眼이여　　　**修行無懈倦**이로다

잘 왔습니다, 원만하고 인자한 이여,

잘 왔습니다, 청정하고 자비한 이여,

잘 왔습니다, 고요한 눈이여,

수행하기에 게으름이 없습니다.

여기서부터 선재동자가 선지식을 찾아온 수승한 덕을 찬
탄한 내용을 하나하나 밝혀 나간다. 그래서 처음에 "잘 왔
습니다, 원만하고 인자한 이여, 잘 왔습니다, 청정하고 자비
한 이여, 잘 왔습니다, 고요한 눈이여, 수행하기에 게으름이
없습니다."라고 시작하였다.

선 래 청 정 의
善來清淨意며

선 래 광 대 심
善來廣大心이며

선 래 불 퇴 근
善來不退根이여

수 행 무 해 권
修行無懈倦이로다

잘 왔습니다, 청정한 뜻,

잘 왔습니다, 광대한 마음,

잘 왔습니다, 물러나지 않는 근성,

수행하기에 게으름이 없습니다.

선 래 부 동 행
善來不動行이어

상 구 선 지 식
常求善知識하야

요 달 일 체 법
了達一切法하며

조 복 제 군 생
調伏諸群生이로다

잘 왔습니다, 동요하지 않는 행이여,

항상 선지식을 찾아

모든 법 통달하고

모든 중생들을 조복합니다.

선 래 행 묘 도
善來行妙道며

선 래 주 공 덕
善來住功德이며

선 래 취 불 과
善來趣佛果여

미 증 유 피 권
未曾有疲倦이로다

잘 왔습니다, 묘한 도道 행하고,

잘 왔습니다, 공덕에 머물고,

잘 왔습니다, 부처님 지위 나아가는 이여,

일찍이 조금도 게으름이 없습니다.

선래 덕 위 체
善來德爲體며

선 래 법 소 자
善來法所滋며

선래 무 변 행
善來無邊行이여

세 간 난 가 견
世間難可見이로다

잘 왔습니다, 덕으로 몸이 되고,

잘 왔습니다, 법에 훈습熏習되고,

잘 왔습니다, 그지없는 수행,

세간에서 만나 보기 어렵습니다.

선래 이 미 혹
善來離迷惑이여

세 법 불 능 염
世法不能染이며

이 쇠 훼 예 등
利衰毀譽等에

일 체 무 분 별
一切無分別이로다

잘 왔습니다, 미혹 여의고

세상 법에 물들지 않고

이롭고 쇠하고 헐뜯고 칭찬함에

모든 것 분별이 없습니다.

이롭고 쇠하고 헐뜯고 칭찬함은 여덟 가지 바람이다. 여덟 가지 바람, 즉 팔풍八風은 팔법과 같다. 이利·쇠衰·훼毁·예譽·칭稱·기譏·고苦·락樂의 8종이다. 이것은 세상에서 사랑하거나 미워하는 바로서 능히 사람의 마음을 흔들어 놓음으로 여덟 가지 바람이라 한다. 이 여덟 가지 바람은 도인道人을 시험하는 잣대가 되기도 한다.

선 래 시 안 락
善來施安樂이여

조 유 감 수 화
調柔堪受化니

첨 광 진 만 심
諂誑瞋慢心을

일 체 실 제 멸
一切悉除滅이로다

잘 왔습니다, 안락을 베푸는 이여,
길들이고 부드럽고 교화를 받아
아첨과 속임과 성냄과 교만함을
모두 다 소멸해 버렸습니다.

선래진불자
善來眞佛子여

보예어시방
普詣於十方하야

증장제공덕
增長諸功德하야

조유무해권
調柔無懈倦이로다

잘 왔습니다, 진실한 불자여,

시방을 두루 다니며

모든 공덕 증장하였고

길들이고 부드러워 게으름이 없습니다.

선래삼세지
善來三世智여

변지일체법
徧知一切法하며

보생공덕장
普生功德藏하야

수행무피염
修行無疲厭이로다

잘 왔습니다, 세 세상 지혜여,

모든 법 두루 다 알며

공덕 창고 두루 내어서

수행에 고달픔 모릅니다.

미륵보살은 선재동자가 선지식을 찾아온 수승한 공덕을

찬탄하였다. 수행하는 데 고달픔이 없으며, 게으름이 없으며, 아첨과 속임과 성내고 교만함을 모두 다 소멸해 버렸으며, 이롭고 쇠하고 헐뜯고 칭찬하는 등 여덟 가지 바람에 분별이 없는 등 수승한 공덕을 찬탄하였다.

〈2〉 찾아온 인연을 찬탄하다

문 수 덕 운 등
文殊德雲等

일 체 제 불 자
一切諸佛子가

영 여 지 아 소
令汝至我所하며

시 여 무 애 처
示汝無礙處어늘

문수보살과 덕운德雲비구 등

일체 모든 불자들이

그대를 내게 보내며

그대에게 걸림 없는 것을 보이어

구 수 보 살 행
具修菩薩行하야

보 섭 제 군 생
普攝諸群生하니

여 시 광 대 인
如是廣大人이

금 래 지 아 소
今來至我所로다

보살의 행 갖추어 닦고
모든 중생을 널리 거두어 주는
이와 같은 훌륭한 사람[廣大人]이
지금 나에게 왔습니다.

선재동자의 수승한 덕을 찬탄하는 내용 가운데 선지식
을 찾아온 인연에 대해서 찬탄하였다. 그동안 친견하여 온
오십삼선지식五十三善知識을 다시 한 번 살펴본다. 선재동자
가 복성의 동쪽 장엄당 사라림에서 처음으로 문수보살의 법
문을 듣고 남방을 향하여 차례차례 찾아가서 법문을 들은
선지식들이다.

먼저 문수보살은 다음의 53명의 선지식을 소개하는 근
본 원인이 되므로 믿음을 표시하는 선지식이다. 다음으로
덕운비구, 해운비구, 선주비구, 미가장자, 해탈장자, 해당비
구, 휴사우바이, 비목구사선인, 승열바라문, 자행동녀, 선견
비구, 자재주동자, 구족우바이, 명지거사, 법보계장자, 보안
장자, 무염족왕, 대광왕, 부동우바이, 변행외도, 육향장자,

바시라선사, 무상승장자, 사자빈신비구니, 바수밀다녀, 비슬지라거사, 관자재보살, 정취보살, 대천신, 안주신, 바산바연주야신, 보덕정광주야신, 희목관찰중생주야신, 보구중생묘덕주야신, 적정음해주야신, 수호일체성주야신, 개부일체수화주야신, 대원정진력구호일체중생주야신, 람비니림신, 석녀구파, 마야부인, 천주광녀, 변우동자사, 지중예동자, 현승우바이, 견고장자, 묘월장자, 무승군장자, 최적정바라문, 덕생동자와 유덕동녀, 미륵보살, 문수보살, 보현보살 등이다.

〈3〉 선지식을 찾아온 일을 밝히다

위 구 제 여 래
爲求諸如來의

청 정 지 경 계
淸淨之境界하며

문 제 광 대 원
問諸廣大願하야

이 래 지 아 소
而來至我所로다

모든 여래들의

청정한 경계를 구하려고

모든 광대한 서원 물으면서

나를 찾아왔습니다.

거래현재불
去來現在佛의

소성제행업
所成諸行業을

여욕개수학
汝欲皆修學하야

이래지아소
而來至我所로다

과거 미래 현재의 부처님이
이루신 모든 행行과 업業을
그대 모두 닦아 배우려고
나를 찾아왔습니다.

여어선지식
汝於善知識에

욕구미묘법
欲求微妙法하며

욕수보살행
欲受菩薩行하야

이래지아소
而來至我所로다

그대는 선지식에게
미묘한 법을 구하고
보살의 행 배우려고

나를 찾아왔습니다.

여 념 선 지 식
汝念善知識이

제 불 소 칭 탄
諸佛所稱歎이며

영 여 성 보 리
令汝成菩提하야

이 래 지 아 소
而來至我所로다

그대는 선지식이

모든 부처님의 칭찬하신 바이며

그대의 보리菩提를 이루게 함을 생각하고

나를 찾아왔습니다.

여 염 선 지 식
汝念善知識이

생 아 여 부 모
生我如父母하며

양 아 여 유 모
養我如乳母하야

증 아 보 리 분
增我菩提分하며

그대는 선지식을 생각하되

부모처럼 나를 낳으시고

유모처럼 나를 기르고

나의 보리부분법을 늘게 하며

여 의 료 중 질	여 천 쇄 감 로
如醫療衆疾 하며	如天灑甘露 하며

여 일 시 정 도	여 월 전 정 륜
如日示正道 하며	如月轉淨輪 하며

의사처럼 온갖 병을 고쳐 주고

하늘처럼 단 이슬 뿌리고

해처럼 바른 길 보여 주고

달처럼 깨끗한 바퀴 굴리고

여 산 부 동 요	여 해 무 증 감
如山不動搖 하며	如海無增減 하며

여 선 사 제 도	이 래 지 아 소
如船師濟渡 하야	而來至我所 로다

산처럼 동요하지 않고

바다처럼 늘고 줄지 않으며

뱃사공처럼 잘 건네주어

나를 찾아왔습니다.

여 관 선 지 식
汝觀善知識이

유 여 대 맹 장
猶如大猛將하며

역 여 대 상 주
亦如大商主하며

우 여 대 도 사
又如大導師하야

그대가 보기에 선지식은

용맹한 장군과 같고

또한 큰 장사 물주와 같고

또한 큰 길잡이 같아서

능 건 정 법 당
能建正法幢하며

능 시 불 공 덕
能示佛功德하며

능 멸 제 악 도
能滅諸惡道하며

능 개 선 취 문
能開善趣門하며

능히 바른 법 당기幢旗를 세우고

능히 부처님 공덕 보여 주고

능히 모든 나쁜 길 없애 버리고

능히 착한 길 가는 문을 열어 주고

능현 제불신
能顯諸佛身하며

능수 제불 장
能守諸佛藏하며

능지 제불 법
能持諸佛法일새

시 고 원 첨 봉
是故願瞻奉이로다

능히 모든 부처님의 몸 드러내고

능히 모든 부처님의 창고 잘 지키고

능히 부처님의 법을 잘 가질새

그러므로 우러러 받들기를 원합니다.

욕 만 청정지
欲滿淸淨智하며

욕구 단정 신
欲具端正身하며

욕생 존귀 가
欲生尊貴家하야

이 래 지 아 소
而來至我所로다

청정한 지혜 만족하려고

단정한 몸 갖추려고

존귀하신 집안에 태어나려고

나를 찾아왔습니다.

미륵보살은 선재동자가 선지식을 찾아온 일을 여러 가지로 밝혔다. 이러한 내용은 비단 미륵보살을 찾아온 것만을 뜻하는 것은 아니리라. 모든 불자가 부처님을 찾아오고, 경전을 공부하고, 온갖 수행을 쌓는 일을 모두 담고 있다.

〈4〉 찬탄하는 전체의 뜻을 밝히다

여 등 관 차 인
汝等觀此人의

친 근 선 지 식
親近善知識하야

수 기 소 수 학
隨其所修學하야

일 체 응 순 행
一切應順行이어다

그대들은 이 사람을 보십시오.
선지식을 친근하면서
그를 따라 배운 대로
모든 것을 순종하였고

이 석 복 인 연
以昔福因緣으로

문 수 영 발 심
文殊令發心한대

수 순 무 위 역
隨順無違逆하야

수 행 불 해 권
修行不懈倦이로다

옛적에 복의 인연으로

문수보살이 발심케 하여

따라 행하고 어기지 않으며

수행하되 게으르지 않고

부 모 여 친 속
父母與親屬과

궁 전 급 재 산
宮殿及財產을

일 체 개 사 리
一切皆捨離하고

겸 하 구 지 식
謙下求知識이로다

부모와 친속들과

궁전과 재산을

모두 다 버리고

겸손하게 선지식을 구하며

정 치 여 시 의
淨治如是意하고

영 리 세 간 신
永離世間身하니

당 생 불 국 토
當生佛國土하야

수 제 승 과 보
受諸勝果報로다

이런 뜻을 깨끗이 하니

세간 몸을 아주 여의고

부처님 국토에 태어나

훌륭한 과보를 받을 것입니다.

〈5〉 지혜와 자비를 찬탄하다

선 재 견 중 생
善財見衆生의

생 로 병 사 고
生老病死苦하고

위 발 대 비 의
爲發大悲意하고

근 수 무 상 도
勤修無上道로다

선재동자는 중생들의

나고 늙고 병들고 죽는 고통을 보고

큰 자비심을 내어

위없는 도道를 부지런히 닦습니다.

선 재 견 중 생
善財見衆生의

오 취 상 유 전
五趣常流轉하고

위 구 금 강 지
爲求金剛智하야

파 피 제 고 륜
破彼諸苦輪이로다

선재동자는 중생들이

다섯 갈래에 항상 헤맴을 보고

금강 같은 지혜를 구하여

저 모든 괴로움의 굴레를 깨뜨립니다.

선 재 견 중 생
善財見衆生의

심 전 심 황 예
心田甚荒穢하고

위 제 삼 독 자
爲除三毒刺하야

전 구 이 지 리
專求利智犁로다

선재동자는 중생들의

마음밭이 황폐함을 보고

세 가지 독한 가시 없애려고

날카로운 지혜의 모습을 구합니다.

중생처치암
衆生處癡暗하야

맹명실정도
盲冥失正道일새

선재위도사
善財爲導師하야

시기안은처
示其安隱處로다

중생들이 캄캄한 어리석음 속에서

소경처럼 바른 길 잃거늘

선재동자는 길잡이 되어

편안한 곳을 보여 줍니다.

인개해탈승
忍鎧解脫乘과

지혜위이검
智慧爲利劍하야

능어삼유내
能於三有內에

파제번뇌적
破諸煩惱賊이로다

인욕의 갑옷과 해탈의 수레

지혜의 날카로운 칼로

욕계와 색계와 무색계에서

모든 번뇌의 도적을 깨뜨립니다.

선 재 법 선 사
善財法船師가

보 제 제 함 식
普濟諸含識하야

영 과 이 염 해
令過爾焰海하야

질 지 정 보 주
疾至淨寶洲로다

선재동자는 법의 뱃사공,

모든 중생들 널리 건지어

알아야 할 경계 바다[爾焰海] 지나가서

청정한 보배 섬에 빨리 이르게 합니다.

선 재 정 각 일
善財正覺日이

지 광 대 원 륜
智光大願輪으로

주 행 법 계 공
周行法界空하야

보 조 군 미 택
普照群迷宅이로다

선재동자는 바른 깨달음의 태양,

지혜의 광명과 큰 서원의 바퀴로

법계와 허공계를 두루 다니며

중생들 미혹 굴택[迷宅]을 두루 비춥니다.

선 재 정 각 월
善財正覺月이

백 법 실 원 만
白法悉圓滿하야

자 정 청 량 광
慈定清涼光으로

등 조 중 생 심
等照衆生心이로다

선재동자는 바른 깨달음의 달,

청정한 법[白法]이 다 원만하여

자비와 선정의 청량한 빛으로

중생의 마음 평등하게 비춥니다.

선 재 승 지 해
善財勝智海가

의 어 직 심 주
依於直心住하야

보 리 행 점 심
菩提行漸深하야

출 생 중 법 보
出生衆法寶로다

선재동자는 훌륭한 지혜의 바다,

정직한 마음에 의지해서 머물며

보리의 행 점점 깊어서

모든 법의 보배를 출생합니다.

선 재 대 심 용
善財大心龍이

승 어 법 계 공
昇於法界空하야

흥 운 주 감 택
興雲霔甘澤하야

생 성 일 체 과
生成一切果로다

선재동자라는 큰마음의 용龍이

법계의 허공에 올라가서

구름을 일으키고 감로법의 비를 내려

모든 열매를 성숙하게 합니다.

선 재 연 법 등
善財然法燈이

신 주 자 비 유
信炷慈悲油와

염 기 공 덕 광
念器功德光으로

멸 제 삼 독 암
滅除三毒暗이로다

선재동자가 법의 등불을 밝히니

믿음은 심지요 자비는 기름이라

생각의 그릇과 공덕의 광명으로

삼독三毒의 어둠을 소멸합니다.

선재동자의 지혜와 자비를 찬탄하여 밝혔다. 지혜는 자

비에 속해[即] 있고, 자비는 지혜에 속해 있음을 번갈아 가면서 표현하였다. 흔히 불교를 지혜와 자비의 종교라고 한다. 지혜를 증득하는 것은 자비를 실천하기 위함이고, 자비는 올바른 지혜에 바탕을 두고 실천되어야 진정한 자비가 되기 때문이다.

〈6〉 여러 가지 덕을 함께 찬탄하다

각 심 가 라 라
覺心迦羅邏와

비 포 자 위 육
悲胞慈爲肉과

보 리 분 지 절
菩提分肢節이

장 어 여 래 장
長於如來藏이로다

깨닫는 마음은 가라라迦羅邏
가엾이 여김은 태보胎褓요 인자함은 살이라
보리의 부분인 팔다리가
여래장如來藏에서 자랍니다.

깨닫는 마음은 곧 보리심이다. 가라라迦羅邏는 갈라람羯邏藍이라 하는데 갈랄람羯剌藍·가라라歌邏羅라고도 쓰고, 옹

활凝滑이라 번역한다. 태내오위胎內五位의 하나이다. 태 안에 서 생긴 지 7일까지의 상태이다. 미음의 꺼풀처럼 끈끈하고 조금 굳어지는 것과 같은 상태이다.

태내오위胎內五位는 어머니 태에 들어서부터 출생할 때까지의 266일간을 5위로 나눈 것이다. ① 갈라람羯邏藍은 응활凝滑·화합和合이라 번역하는데, 태에 들어간 지 첫 7일간이다. ② 알부담頞部曇은 포결皰結·포泡라 번역한다. 둘째 7일간이다. ③ 폐시閉尸는 육단肉團·혈육血肉이라 번역한다. 제3의 7일간이다. ④ 건남鍵南은 견육堅肉이라 번역한다. 제4의 7일간이다. ⑤ 발라사카鉢羅奢佉는 지절支節이라 번역한다. 제5의 7일부터 출생할 때까지를 말한다.

참고로 태외오위胎外五位는 사람의 일생을 5위로 나눈 것이다. 출생에서 6세 영해嬰孩까지, 7세에서 15세 동자童子까지, 16세에서 30세 소년少年까지, 31세에서 40세 성년成年까지, 41세 이후의 노년老年이다. 태보胎褓는 태아를 싸고 있는 막과 태반을 말한다.

아이가 모태에서 태어나서 성장하듯이 보살의 깨닫는 마음과 어여삐 여기는 마음과 인자한 마음과 보리의 부분들이 모두 본래의 여래장如來藏에서 성장하고 있음을 밝힌 것이다.

증 장 복 덕 장
增長福德藏하며

청 정 지 혜 장
淸淨智慧藏하며

개 현 방 편 장
開顯方便藏하며

출 생 대 원 장
出生大願藏하야

복덕의 창고가 증장하고

지혜의 창고가 청정하며

방편의 창고를 열어 헤치고

큰 서원의 창고를 출생하여

여 시 대 장 엄
如是大莊嚴으로

구 호 제 군 생
救護諸群生하니

일 체 천 인 중
一切天人中에

난 문 난 가 견
難聞難可見이로다

이와 같은 큰 장엄으로

모든 중생을 구호하나니

모든 천상과 인간에서는

듣기 어렵고 보기 어렵습니다.

여 시 지 혜 수
如是智慧樹여

근 심 불 가 동
根深不可動이라

중 행 점 증 장
衆行漸增長하야

보 음 제 군 생
普蔭諸群生이로다

이와 같은 지혜의 나무
뿌리 깊어 동動하지 않고
모든 행行이 점점 증장해
여러 중생들을 가려 줍니다.

욕 생 일 체 덕
欲生一切德하며

욕 문 일 체 법
欲問一切法하며

욕 단 일 체 의
欲斷一切疑하야

전 구 선 지 식
專求善知識이로다

모든 공덕을 내려고
모든 법을 물으려고
모든 의심을 끊으려고

오로지 선지식을 찾았습니다.

욕 파 제 혹 마	욕 제 제 견 구
欲破諸惑魔하며	**欲除諸見垢**하며
욕 해 중 생 박	전 구 선 지 식
欲解衆生縛하야	**專求善知識**이로다

모든 의혹의 마군을 깨뜨리려고

모든 소견의 때를 없애려고

중생들의 속박을 풀어 주려고

오로지 선지식을 찾았습니다.

〈7〉 불과佛果를 이룰 것에 대하여 찬탄하다

당 멸 제 악 도	당 시 인 천 로
當滅諸惡道하고	**當示人天路**하야
영 수 공 덕 행	질 입 열 반 성
令修功德行하야	**疾入涅槃城**이로다

마땅히 모든 악도를 소멸하고

마땅히 인간과 천상의 길 보이려고

공덕의 행을 닦아

열반의 성城에 빨리 들게 합니다.

당 도 제 견 난
當度諸見難하며

당 절 제 견 망
當截諸見網하며

당 고 애 욕 수
當枯愛欲水하며

당 시 삼 유 도
當示三有道하며

마땅히 여러 소견의 어려움 건너고

마땅히 여러 소견의 그물 찢고

마땅히 애욕의 강 말리고

마땅히 삼계의 길을 보이고

당 위 세 의 호
當爲世依怙하며

당 작 세 광 명
當作世光明하며

당 성 삼 계 사
當成三界師하야

시 기 해 탈 처
示其解脫處로다

마땅히 세간의 의지가 되고

마땅히 세간의 광명이 되고

마땅히 삼계의 스승이 되어
해탈의 장소를 보입니다.

역 당 령 세 간
亦當令世間으로

보 리 제 상 착
普離諸想着하고

보 교 번 뇌 수
普覺煩惱睡하고

보 출 애 욕 니
普出愛欲泥하며

또한 세간의 중생들로 하여금
모든 생각의 집착을 두루 여의고
번뇌의 졸음에서 깨어나고
애욕의 수렁에서 벗어나게 하려면

당 료 종 종 법
當了種種法하고

당 정 종 종 찰
當淨種種刹하야

일 체 함 구 경
一切咸究竟하야

기 심 대 환 희
其心大歡喜로다

마땅히 갖가지 법을 알고
마땅히 갖가지 세계를 깨끗하게 하여

모든 것 다 완성하여

그 마음 크게 환희로울 것입니다.

〈8〉 불과의 덕을 찬탄하다

여 행 극 조 유
汝行極調柔하며

여 심 심 청 정
汝心甚淸淨하니

소 욕 수 공 덕
所欲修功德이

일 체 당 원 만
一切當圓滿이라

그대의 수행 매우 조화롭고

그대의 마음 매우 청정하니

닦으려는 공덕이

모든 것 마땅히 원만히 할 것입니다.

불 구 견 제 불
不久見諸佛하야

요 달 일 체 법
了達一切法하며

엄 정 중 찰 해
嚴淨衆刹海하며

성 취 대 보 리
成就大菩提로다

오래잖아 모든 부처님 뵙고

모든 법 통달해 알고

모든 세계 바다 청정히 장엄하여

큰 보리를 이룰 것입니다.

당 만 제 행 해
當滿諸行海하며

당 지 제 법 해
當知諸法海하며

당 도 중 생 해
當度衆生海하야

여 시 수 제 행
如是修諸行이로다

마땅히 모든 수행 바다 원만히 하고

마땅히 모든 법의 바다를 알며

마땅히 중생 바다 제도하려고

이와 같이 모든 행을 닦았습니다.

당 도 공 덕 안
當到功德岸하며

당 생 제 선 품
當生諸善品하며

당 여 불 자 등
當與佛子等하야

여 시 심 결 정
如是心決定이로다

마땅히 공덕의 언덕에 이르고

마땅히 모든 착한 일 내며
마땅히 여러 불자들과 함께하는
이와 같은 마음이 결정합니다.

당 단 일 체 혹
當斷一切惑하며

당 정 일 체 업
當淨一切業하며

당 복 일 체 마
當伏一切魔하야

만 족 여 시 원
滿足如是願이로다

마땅히 모든 번뇌 끊고
마땅히 모든 업 깨끗이 하며
마땅히 모든 마魔 굴복시키는
이와 같은 소원을 만족합니다.

당 생 묘 지 도
當生妙智道하며

당 개 정 법 도
當開正法道하며

불 구 당 사 리
不久當捨離

혹 업 제 고 도
惑業諸苦道로다

마땅히 묘한 지혜의 길을 내고

마땅히 바른 법의 길 열며

오래잖아 마땅히 번뇌와 업과

모든 괴로움의 길 버립니다.

일 체 중 생 륜　　　　　침 미 제 유 륜
一切衆生輪이　　　　沈迷諸有輪하니

여 당 전 법 륜　　　　　영 기 단 고 륜
汝當轉法輪하야　　　令其斷苦輪이로다

모든 중생의 굴레들이

모든 존재의 굴레에서 헤매나니

그대가 마땅히 법륜을 굴려서

그들로 하여금 고통의 굴레를 끊게 합니다.

여 당 지 불 종　　　　　여 당 정 법 종
汝當持佛種하며　　　汝當淨法種하며

여 능 집 승 종　　　　　삼 세 실 주 변
汝能集僧種하야　　　三世悉周徧이로다

그대 마땅히 부처님의 종성種性을 가지고

그대 마땅히 법의 종자 깨끗이 하고

그대 능히 승가僧伽의 종자 모아서

삼세에 두루 합니다.

당 단 중 애 망
當斷衆愛網하며

당 열 중 견 망
當裂衆見網하며

당 구 중 고 망
當救衆苦網하야

당 성 차 원 망
當成此願網이로다

마땅히 모든 애욕의 그물 끊고

마땅히 모든 소견의 그물 찢고

마땅히 모든 고통의 그물 구호하여

마땅히 이 서원의 그물 이룹니다.

당 도 중 생 계
當度衆生界하며

당 정 국 토 계
當淨國土界하며

당 집 지 혜 계
當集智慧界하야

당 성 차 심 계
當成此心界로다

마땅히 중생 세계를 제도하고

마땅히 국토 세계를 깨끗이 하고

마땅히 지혜 세계를 모아서

마땅히 이 마음 세계 이룹니다.

당 령 중 생 희
當令衆生喜하며

당 령 보 살 희
當令菩薩喜하며

당 령 제 불 희
當令諸佛喜하야

당 성 차 환 희
當成此歡喜로다

마땅히 중생들을 기쁘게 하고

마땅히 보살들을 기쁘게 하고

마땅히 부처님들을 기쁘게 하여

마땅히 이 기쁨을 이룹니다.

당 견 일 체 취
當見一切趣하며

당 견 일 체 찰
當見一切刹하며

당 견 일 체 법
當見一切法하야

당 성 차 불 견
當成此佛見이로다

마땅히 모든 길을 보고

마땅히 모든 세계를 보고

마땅히 모든 법을 보아서

마땅히 이 부처님 견해를 이룹니다.

당 방 파 암 광
當放破暗光하며

당 방 식 열 광
當放息熱光하며

당 방 멸 악 광
當放滅惡光하야

척 제 삼 유 고
滌除三有苦로다

마땅히 어둠을 깨는 광명 놓고

마땅히 뜨거움 쉬는 광명 놓고

마땅히 나쁜 일 없애는 광명 놓아

삼계의 괴로움 씻어 제거합니다.

당 개 천 취 문
當開天趣門하며

당 개 불 도 문
當開佛道門하며

당 시 해 탈 문
當示解脫門하야

보 사 중 생 입
普使衆生入이로다

마땅히 하늘 길의 문 열고

마땅히 부처님 도道의 문 열고

마땅히 해탈의 문門을 보여서

널리 중생들을 들어가게 합니다.

당 시 어 정 도
當示於正道하며

당 절 어 사 도
當絕於邪道하야

여 시 근 수 행
如是勤修行하야

성 취 보 리 도
成就菩提道로다

마땅히 바른 길 보여 주고

마땅히 삿된 길 끊게 하여

이와 같이 부지런히 닦아서

보리의 길 성취할 것입니다.

당 수 공 덕 해
當修功德海하며

당 도 삼 유 해
當度三有海하야

보 사 군 생 해
普使群生海로

출 어 중 고 해
出於衆苦海로다

마땅히 공덕의 바다를 닦고

마땅히 삼계의 바다 건너서

널리 중생 바다로 하여금

고통 바다에서 벗어나게 합니다.

당 어 중 생 해
當於衆生海에

소 갈 번 뇌 해
消竭煩惱海하고

영 수 제 행 해
令修諸行海하야

질 입 대 지 해
疾入大智海로다

마땅히 중생 바다에서

번뇌 바다 소멸하고

모든 수행 바다 닦아서

큰 지혜에 빨리 들게 합니다.

여 당 증 지 해
汝當增智海하며

여 당 수 행 해
汝當修行海하야

제 불 대 원 해
諸佛大願海를

여 당 함 만 족
汝當咸滿足이로다

그대 마땅히 지혜 바다 늘리고

그대 마땅히 수행 바다 닦아서
모든 부처님의 큰 서원 바다를
그대가 마땅히 다 만족합니다.

여 당 입 찰 해
汝當入刹海하며

여 당 관 중 해
汝當觀衆海하며

여 당 이 지 력
汝當以智力으로

보 음 제 법 해
普飮諸法海로다

그대 마땅히 세계 바다에 들어가
그대 마땅히 중생 바다를 관찰하고
그대 마땅히 지혜의 힘으로
널리 모든 법의 바다를 마십니다.

당 근 제 불 운
當覲諸佛雲하며

당 기 공 양 운
當起供養雲하며

당 청 묘 법 운
當聽妙法雲하야

당 흥 차 원 운
當興此願雲이로다

마땅히 모든 부처님 구름 뵈옵고

마땅히 공양 구름 일으키고

마땅히 묘한 법의 구름 듣고

마땅히 이 서원 구름 일으킵니다.

보유삼유실　　　　　보괴중혹실
普遊三有室하며　　**普壞衆惑室**하며

보입여래실　　　　　당행여시도
普入如來室하야　　**當行如是道**로다

널리 삼계의 집에 놀고

널리 모든 번뇌의 집 부수고

널리 여래의 집에 들어가

마땅히 이와 같은 도를 행합니다.

보입삼매문　　　　　보유해탈문
普入三昧門하며　　**普遊解脫門**하며

보주신통문　　　　　주행어법계
普住神通門하야　　**周行於法界**로다

널리 삼매의 문에 들어가고

널리 해탈의 문에 노닐고
널리 신통의 문에 머물러
법계를 두루 다닙니다.

보현중생전   보대제불전
普現衆生前하며   **普對諸佛前**이

비여일월광   당성여시력
譬如日月光하야   **當成如是力**이로다

중생들 앞에 널리 나타나고
부처님 앞에 널리 대하되
마치 해와 달의 광명처럼
마땅히 이와 같은 힘을 이룹니다.

소행무동란   소행무염착
所行無動亂하며   **所行無染着**이

여조행허공   당성차묘용
如鳥行虛空하야   **當成此妙用**이로다

행하는 일 흔들리지 않고

행하는 길 물들지 않아

새가 허공을 날듯이

마땅히 이 묘한 작용 이룹니다.

비여인다망
譬如因陀網하야

찰망여시주
刹網如是住하니

여당실왕예
汝當悉往詣호대

여풍무소애
如風無所礙로다

마치 인드라의 그물처럼

세계 그물 그와 같이 머무나니

그대는 마땅히 다 나아가 보십시오.

바람처럼 걸리지 않을 것입니다.

여당입법계
汝當入法界하야

변왕제세계
徧往諸世界하야

보견삼세불
普見三世佛하고

심생대환희
心生大歡喜로다

그대는 마땅히 법계에 들어가

모든 세계에 두루 이르러

세 세상 부처님 널리 뵈옵고

마음에 큰 환희를 냅니다.

미륵보살은 게송으로 선재동자의 불과佛果의 덕을 높이
찬탄하였다. 그동안 수많은 선지식들이 선재동자를 찬탄하
였으나 이번의 미륵보살과 같은 찬탄은 없었다. 이제 선재
동자가 선지식을 친견하는 일도 거의 끝에 이르렀기 때문에
모든 수행자의 대표이며 본보기이며 기준이 되는 사람에 대
해서 여한 없이 한껏 찬탄한 것이리라.

〈9〉 이미 얻은 법과 앞으로 얻을 법을 찬탄하다

여 어 제 법 문
汝於諸法門에

이 득 급 당 득
已得及當得이니

응 생 대 희 약
應生大喜躍하야

무 탐 역 무 염
無貪亦無厭이로다

그대는 여러 가지 법문에

이미 얻었거나 앞으로 얻을 것이니

마땅히 크게 기뻐 뛰면서

탐하지 말고 또한 싫어하지 마십시오.

여 시 공 덕 기
汝是功德器라

능 수 제 불 교
能隨諸佛敎하며

능 수 보 살 행
能修菩薩行하야

득 견 차 기 특
得見此奇特이로다

그대는 공덕의 그릇이라

능히 모든 부처님 교법을 따르고

능히 보살의 행을 닦아서

이렇게 기특한 일 볼 수 있습니다.

여 시 제 불 자
如是諸佛子를

억 겁 난 가 우
億劫難可遇어든

황 견 기 공 덕
況見其功德과

소 수 제 묘 도
所修諸妙道아

이와 같은 모든 불자들을

억 겁에도 만나기 어렵거든

하물며 그러한 공덕과

모든 미묘한 도 닦음을 볼 수 있겠습니까.

여 생 어 인 중
汝生於人中하야

대 획 제 선 이
大獲諸善利라

득 견 문 수 등
得見文殊等의

무 량 제 공 덕
無量諸功德이로다

그대는 사람으로 태어나

온갖 좋은 이익 크게 얻었으매

문수보살 같은 이의

한량없는 모든 공덕을 보는 것입니다.

이 리 제 악 도
已離諸惡道하며

이 출 제 난 처
已出諸難處하며

이 초 중 고 환
已超衆苦患하니

선 재 물 해 태
善哉勿懈怠어다

이미 모든 나쁜 길 여의었고

이미 여러 가지 어려운 곳 벗어났으며

이미 근심 걱정 뛰어났으니
훌륭합니다, 게으르지 마십시오.

이 리 범 부 지
已離凡夫地하며

이 주 보 살 지
已住菩薩地하니

당 만 지 혜 지
當滿智慧地하야

속 입 여 래 지
速入如來地로다

이미 범부의 지위를 여의었고
이미 보살 지위에 머물렀으니
마땅히 지혜의 지위를 만족하여
여래의 지위에 빨리 들어가십시오.

보 살 행 여 해
菩薩行如海하며

불 지 동 허 공
佛智同虛空이어늘

여 원 역 부 연
汝願亦復然하니

응 생 대 흔 경
應生大欣慶이어다

보살의 행 바다와 같고
부처님의 지혜 허공 같은데

그대의 소원도 또한 다시 그러하니

마땅히 크게 기뻐하십시오.

〈10〉 선지식을 친견한 덕을 찬탄하다

제 근 불 해 권
諸根不懈倦하며

지 원 항 결 정
志願恒決定하야

친 근 선 지 식
親近善知識하니

불 구 실 성 만
不久悉成滿이로다

여러 감관 게으르지 말고

바라는 뜻과 원願 결정하여서

선지식을 친히 가까이하면

오래잖아 원만하게 이루게 될 것입니다.

보 살 종 종 행
菩薩種種行이

개 위 조 중 생
皆爲調衆生이니

보 행 제 법 문
普行諸法門하야

신 물 생 의 혹
愼勿生疑惑이어다

보살의 갖가지 행은

모두 중생을 조복하는 것이니

여러 가지 법문 널리 행하여

행여나 의심 내지 마십시오.

여 구 난 사 복　　　　급 이 진 실 신
汝具難思福과　　　**及以眞實信**일새

시 고 어 금 일　　　　득 견 제 불 자
是故於今日에　　　**得見諸佛子**로다

그대는 부사의한 복과

진실한 믿음 갖추었으니

그리하여 오늘날

여러 불자를 만났습니다.

여 견 제 불 자　　　　실 획 광 대 리
汝見諸佛子하고　　**悉獲廣大利**하야

일 일 제 대 원　　　　일 체 함 신 수
一一諸大願을　　　**一切咸信受**로다

그대는 여러 불자들을 친견하고

광대한 이익 다 얻었나니

하나하나의 큰 서원을

모두 다 믿고 받아들입니다.

여 어 삼 유 중　　　　　능 수 보 살 행
汝於三有中에　　　　能修菩薩行일새

시 고 제 불 자　　　　시 여 해 탈 문
是故諸佛子가　　　　示汝解脱門이로다

그대는 삼계 가운데서

보살의 행 능히 닦았을새

그러므로 여러 불자들이

그대에게 해탈문을 보였습니다.

비 시 법 기 인　　　　여 불 자 동 주
非是法器人이면　　　與佛子同住하야

설 경 무 량 겁　　　　막 지 기 경 계
設經無量劫이라도　莫知其境界로다

법의 그릇 이룰 사람 아니면

불자들과 함께 있어서
설사 한량없는 겁 지날지라도
그 경계 알지 못합니다.

여 견 제 보 살	득 문 여 시 법
汝見諸菩薩하고	得聞如是法이
세 간 심 난 유	응 생 대 희 경
世間甚難有니	應生大喜慶이어다

그대가 여러 보살을 친견하고
이와 같은 법을 들은 것은
세간에서 매우 어려운 일이니
응당 크게 다행한 생각 내십시오.

제 불 호 념 여	보 살 섭 수 여
諸佛護念汝하고	菩薩攝受汝하사
능 순 기 교 행	선 재 주 수 명
能順其教行하니	善哉住壽命이로다

모든 부처님이 그대를 보호하여 생각하고

보살들이 그대를 거두어 주어

능히 그 가르침 수순하니

훌륭합니다, 오래 사실 것입니다.

〈11〉 수행의 지위 빨리 이룬 덕을 찬탄하다

이 생 보 살 가
已生菩薩家하며

이 구 보 살 덕
已具菩薩德하며

이 장 여 래 종
已長如來種하니

당 승 관 정 위
當昇灌頂位로다

이미 보살의 집에 태어났고

이미 보살의 덕을 갖추었으며

이미 여래의 종자 자랐으니

마땅히 정수리에 물 붓는 지위에 오를 것입니다.

불 구 여 당 득
不久汝當得

여 제 불 자 등
與諸佛子等하야

견 고 뇌 중 생
見苦惱衆生하고

실 치 안 은 처
悉置安隱處로다

오래잖아서 그대는

마땅히 여러 불자들과 같이 되어서

고통 받는 중생들을 보고

그들을 다 편안한 곳에 있게 할 것입니다.

여 하 여 시 종
如下如是種에

필 획 여 시 과
必獲如是果라

아 금 경 위 여
我今慶慰汝하노니

여 응 대 흔 열
汝應大欣悅이어다

이와 같은 씨를 심는 것과 같이

반드시 이와 같은 열매를 거둘 것입니다.

내 이제 그대를 위로하노니

그대는 마땅히 크게 기뻐하십시오.

무 량 제 보 살
無量諸菩薩이

무 량 겁 행 도
無量劫行道호대

미 능 성 차 행
未能成此行이어늘

금 여 개 획 득
今汝皆獲得이로다

한량없는 모든 보살들이
한량없는 겁에 도를 행했으나
아직 이러한 행을 이루지 못하지만
이제 그대는 모두 얻었습니다.

신 락 견 진 력
信樂堅進力이여

선 재 성 차 행
善財成此行하니

약 유 경 모 심
若有敬慕心인댄

역 당 여 시 학
亦當如是學이어다

믿고 좋아하고 견고한 정진의 힘으로
선재동자는 이런 행을 이루었으니
만약 공경하고 사모하는 마음만 있으면
또한 마땅히 이와 같이 배울 것입니다.

〈12〉 모두 모아서 덕을 찬탄하다

일 체 공 덕 행
一切功德行이

개 종 원 욕 생
皆從願欲生이어늘

선 재 이 요 지
善財已了知하야

상 락 근 수 습
常樂勤修習이로다

모든 공덕의 행

다 서원에서 생기는 것

선재동자는 이미 분명히 알아

항상 즐겨 부지런히 수행합니다.

여 용 포 밀 운
如龍布密雲에

필 당 주 대 우
必當霆大雨하야

보 살 기 원 지
菩薩起願智에

결 정 수 제 행
決定修諸行이로다

용왕이 구름을 일으키면

반드시 비를 내리는 것과 같이

보살이 서원과 지혜를 일으키면

결정코 모든 행을 닦습니다.

약 유 선 지 식
若有善知識이

시 여 보 현 행
示汝普賢行이면

여 당 호 승 사
汝當好承事요

신 물 생 의 혹
愼勿生疑惑이어다

만약 어떤 선지식이
그대에게 보현의 행 가르치거든
그대는 마땅히 기쁘게 받들어 섬기고
삼가 의혹을 내지 마십시오.

여 어 무 량 겁
汝於無量劫에

위 욕 망 사 신
爲欲妄捨身이러니

금 위 구 보 리
今爲求菩提하니

차 사 방 위 선
此捨方爲善이로다

그대가 한량없는 겁에
욕심을 위하여 쓸데없이 몸을 버렸거니
이제 보리를 구하기 위하여
이 버리는 것이 비로소 훌륭한 일입니다.

여 어 무 량 겁
汝於無量劫에

구 수 생 사 고
具受生死苦하고

부 증 사 제 불
不曾事諸佛일새

미 문 여 시 행
未聞如是行이러니

그대가 한량없는 겁에

나고 죽는 고통 다 받느라고

일찍이 부처님을 섬기지도 못하고

미처 이와 같은 행을 듣지도 못했거늘

여 금 득 인 신
汝今得人身하야

치 불 선 지 식
值佛善知識하야

청 수 보 리 행
聽受菩提行하니

운 하 불 환 희
云何不歡喜리오

그대 이제 사람의 몸을 얻어

부처님과 선지식을 만나

보리의 행行을 들었으니

어찌 기쁘지 않겠습니까.

수 우 불 흥 세
雖遇佛興世하며

역 치 선 지 식
亦值善知識이나

기 심 불 청 정
其心不淸淨이면

불 문 여 시 법
不聞如是法이로다

비록 부처님이 출현함을 만나고

또한 선지식을 만났더라도

그 마음 청정하지 못하면

이와 같은 법을 듣지 못하지만

약 어 선 지 식
若於善知識에

신 락 심 존 중
信樂心尊重하야

이 의 불 피 염
離疑不疲厭이면

내 문 여 시 법
乃聞如是法이로다

만약 선지식에게

믿고 좋아하고 존중하고

의심 없고 고달프지 않으면

이와 같은 법을 듣게 될 것입니다.

약 유 문 차 법
若有聞此法하고

이 홍 서 원 심
而興誓願心이면

당 지 여 시 인
當知如是人은

이 획 광 대 리
已獲廣大利로다

만약 이러한 법을 듣고
서원하는 마음을 내면
마땅히 아십시오. 이와 같은 사람은
이미 큰 이익을 얻을 것입니다.

여 시 심 청 정
如是心淸淨하면

당 득 근 제 불
當得近諸佛하며

역 근 제 보 살
亦近諸菩薩하야

결 정 성 보 리
決定成菩提로다

이와 같이 마음이 청정하면
마땅히 부처님을 가까이 모시고
또한 모든 보살을 친근하여
결정코 보리를 이룰 것입니다.

약 입 차 법 문
若入此法門이면

즉 구 제 공 덕
則具諸功德하야

영 리 중 악 취
永離衆惡趣하고

불 수 일 체 고
不受一切苦하며

만약 이 법문에 들어가면

모든 공덕 갖추고

온갖 나쁜 길 영원히 여의어

모든 고통 받지 않으며

불 구 사 차 신
不久捨此身하고

왕 생 불 국 토
往生佛國土하야

상 견 시 방 불
常見十方佛과

급 이 제 보 살
及以諸菩薩이로다

오래잖아 이 몸 버리고

부처님의 국토에 나서

시방의 부처님과

여러 보살들을 항상 친견할 것입니다.

왕 인 금 정 해
往因今淨解와

급 사 선 우 력
及事善友力으로

증 장 제 공 덕
增長諸功德이

여 수 생 연 화
如水生蓮華니

지나간 원인과 지금의 청정한 이해와

선지식을 섬긴 힘으로

모든 공덕 증장하는 일

물에서 연꽃이 나는 것과 같으니

낙 사 선 지 식
樂事善知識하며

근 공 일 체 불
勤供一切佛하고

전 심 청 문 법
專心聽聞法하며

상 행 물 해 권
常行勿懈倦이어다

선지식 섬기기를 좋아하고

모든 부처님 부지런히 공양하며

전일한 마음으로 법문을 들어

항상 행하고 게으르지 마십시오.

여 시 진 법 기
汝是眞法器니

당 구 일 체 법
當具一切法하며

당 수 일 체 도
當修一切道하며

당 만 일 체 원
當滿一切願이로다

그대는 진실한 법의 그릇,

마땅히 모든 법을 다 갖추고

마땅히 온갖 도를 다 닦으며

마땅히 모든 소원 다 만족합니다.

여 이 신 해 심
汝以信解心으로

이 래 예 경 아
而來禮敬我하니

불 구 당 보 입
不久當普入

일 체 제 불 회
一切諸佛會로다

그대는 믿고 이해하는 마음으로

내게 와서 예경하니

오래지 않아 마땅히

모든 부처님 회상에 들어갈 것입니다.

선 재 진 불 자
善哉眞佛子여

공 경 일 체 불
恭敬一切佛하니

불 구 구 제 행
不久具諸行하야

도 불 공 덕 안
到佛功德岸이로다

훌륭합니다, 참불자여,
모든 부처님을 공경하나니
오래지 않아 모든 행 갖추고
부처님의 공덕 언덕에 이를 것입니다.

미륵보살이 선재동자의 수행의 덕을 찬탄한 길고 긴 게송이 이제 끝을 맺는다. 선재동자는 선지식 섬기기를 좋아하고, 모든 부처님께 부지런히 공양하며, 전일한 마음으로 법문을 들어 항상 행하고 게으르지 않는다. 또 선재동자는 진실한 법의 그릇이며, 모든 법을 다 갖추고, 온갖 도를 다 닦으며, 모든 소원을 다 만족하여 훌륭한 참불자라고 하였다.

〈13〉 다음의 선지식을 간략히 보이다

여 당 왕 대 지
汝當往大智

문 수 사 리 소
文殊師利所하라

피 당 령 여 득
彼當令汝得

보 현 심 묘 행
普賢深妙行이리라

그대는 마땅히 큰 지혜 있는

문수사리에게로 가십시오.

그이는 마땅히 그대로 하여금

보현의 깊고 묘한 행을 얻게 할 것입니다.

미륵보살이 다음의 선지식을 소개하면서 문수보살을 천거하였다. 그러나 문수보살은 53선지식 중에 가장 먼저 등장하여 수많은 대중에게 십신十信의 마음을 증득하게 하였다. 그래서 미륵보살의 내용이 끝나고 재차 문수보살을 친견한다는 내용의 재견문수再見文殊라고 하여 잠깐 등장하지만 거듭하여 숫자에는 들지 않고 보현보살을 소개하는 역할을 한다. 그래서 게송이 "문수사리에게로 가십시오. 그이는 마땅히 그대로 하여금 보현의 깊고 묘한 행을 얻게 할 것입니다."라고 하였다. 문수보살에게 가되 보현보살의 깊고 묘한 행을 얻게 되리라는 것이 그 뜻이다. 또한 53명의 선지식 순서에도 미륵보살 다음에 곧바로 보현보살로 되어 있다.

3〉 공경하는 의식을 거듭 펴다

이 시　　미륵보살마하살　　재중회전　　칭찬
爾時에 **彌勒菩薩摩訶薩**이 **在衆會前**하사 **稱讚**

선 재 대 공 덕 장　　　선 재　　문 이　　환 희 용 약
善財大功德藏하신대 **善財**가 **聞已**하고 **歡喜踊躍**에

신 모 개 수　　비 읍 경 열　　기 립 합 장　　공 경 첨 앙
身毛皆豎라 **悲泣哽噎**하야 **起立合掌**하고 **恭敬瞻仰**

　요 무 량 잡
하며 **繞無量币**하니

　　그때에 미륵보살마하살이 여러 대중 앞에서 선재동
자의 큰 공덕장을 칭찬하였습니다. 선재동자가 이 게송
을 듣고 기뻐 뛰면서 몸의 털이 곤두서고 슬피 울어 흐
느끼며 일어서서 합장하고 공경하고 우러러보며 한량없
이 돌았습니다.

　　미륵보살이 대중 앞에서 선재동자가 그동안 선지식을 친
견하면서 닦은 큰 공덕을 하나하나 게송으로 칭찬하자 선
재동자는 너무나 기쁜 나머지 온몸의 털이 곤두서고 슬피
울어 흐느끼게 되었다. 금강경에도 수보리존자가 눈물을

흘리며 슬피 울었다는 내용이 있다. 경전을 읽거나 법문을 듣고 감동하여 눈물을 흘리는 것은 참으로 희유한 일이며 소중한 경험이다. 실로 얼마나 있기 어려운 일인가.

이문수사리심념력고   중화영락   종종묘
以文殊師利心念力故로 **衆華瓔珞**과 **種種妙**

보   불각홀연자영기수   선재   환희   즉이
寶가 **不覺忽然自盈其手**어늘 **善財**가 **歡喜**하야 **卽以**

봉산미륵보살마하살상
奉散彌勒菩薩摩訶薩上하니라

　문수사리의 심념의 힘으로 여러 가지 꽃과 영락과 갖가지 묘한 보배가 뜻하지 않게 홀연히 저절로 손에 가득하였습니다. 선재동자는 기뻐서 이것을 곧바로 미륵보살마하살께 받들어 흩었습니다.

　문수보살은 그 자리에 계시지도 않았다. 그러나 다만 마음의 힘으로 여러 가지 꽃과 영락과 갖가지 묘한 보배가 뜻하지 않게 홀연히 저절로 선재동자의 손에 가득하였다. 선

재동자는 그것을 미륵보살에게 받들어 흩었다.

53선지식을 친견하기 시작할 때 맨 처음 문수보살의 가르침을 인하여 그 많은 선지식을 한 분 한 분 친견하면서 52번째 선지식인 미륵보살에게까지 이르렀다. 이제 보현보살 한 분의 선지식만 남겨 놓은 상태다.

이 내용을 사견私見을 들어 이야기하면, 처음 문수보살은 모든 사람이 본래부터 가지고 있는 근본지혜이다. 또한 본각本覺이라고도 할 수 있다. 그러나 본래부터 지닌 근본지혜나 본각만으로는 그 지혜의 힘이나 본각의 영향을 제대로 발휘할 수 없다. 그래서 오랜 시간 수많은 선지식을 친견하면서 수행을 하고 공덕을 쌓아 후득지後得智를 얻고 비로소 깨달은 시각始覺을 얻어야 그때에 진정한 지혜와 깨달음의 작용을 마음껏 펼칠 수 있는 것이다. 진정한 지혜와 깨달음의 작용을 마음껏 펼치는 일은 곧 보현보살의 행과 원이 된다.

다시 사람에게다 배대하면 문수보살은 본래 지닌 부처님이고, 중간의 많은 선지식들은 수행 과정이고, 미륵보살은 비로소 완전하게 깨달은 부처님이고, 앞으로 등장할 보현보살은 부처님이 된 뒤에 다시 보살의 행과 원으로 시방세계에 회향하는 일이라고 하겠다.

4〉 미륵보살이 다시 찬탄하고 인가하다

시　미륵보살　마선재정　위설송언
時에 **彌勒菩薩**이 **摩善財頂**하고 **爲說頌言**

이때에 미륵보살마하살이 선재동자의 정수리를 만지
면서 게송을 설하였습니다.

선재선재진불자　　　　　보책제근무해권
善哉善哉眞佛子여　　　**普策諸根無懈倦**하니

불구당구제공덕　　　　　유여문수급여아
不久當具諸功德하야　　**猶如文殊及與我**로다

훌륭합니다, 훌륭합니다, 참된 불자여,
모든 감관을 널리 경책하여 게으르지 않으니
오래지 않아서 모든 공덕 구족하여
마치 문수보살과 그리고 나와 같이 될 것입니다.

미륵보살이 다시 선재동자를 찬탄하는 내용이다. 머지

않아 근본지혜인 문수보살과 후득지혜인 미륵보살과 동등
하게 되리라는 최상 최고의 찬탄을 아끼지 않았다.

5〉 선재동자가 만남을 기뻐하고 은혜를 생각하다

時에 善財童子가 以頌答曰

그때에 선재동자가 게송으로 대답하였습니다.

我念善知識이　　億劫難値遇어늘

今得咸親近하야　　而來詣尊所니이다

저의 생각엔 선지식을

만나기에는 억겁을 지내도 어려운데

저 이제 모두 다 친근하여

높으신 분께 왔습니다.

아 이 문 수 고
我以文殊故로

견 제 난 견 자
見諸難見者호니

피 대 공 덕 존
彼大功德尊을

원 속 환 첨 근
願速還瞻覲하노이다

저는 문수보살로 인하여
모든 친견하기 어려운 분들을 친견하였으니
저 큰 공덕 가지신 이여,
다시 또 빨리 친견하기를 원합니다.

선재동자가 선지식을 친견하게 된 사연에 대하여 간략히
밝혔다. 선지식을 친견하기는 억겁을 지낸다 하여도 어려운
일인데 문수보살의 가르침을 받아서 52명이나 되는 많은 분
을 친견하였다. 이제 미륵보살까지 친견하였고, 미륵보살에
게 다시 문수보살의 안내를 받아 보현보살을 친견하도록
하라는 가르침을 받았다. 그래서 마지막 게송이 "저는 문수
보살로 인하여 모든 친견하기 어려운 분들을 친견하였으니,
저 큰 공덕 가지신 이여, 다시 또 빨리 친견하기를 원합니다."
라고 하여 끝을 맺었다.

입법계품 18 끝

〈제77권 끝〉

華嚴經 構成表

分次	周次		內容	品數	會次
舉果勸樂生信分 (信)	所信因果周		如來依正	世主妙嚴品 第一 如來現相品 第二 普賢三昧品 第三 世界成就品 第四 華藏世界品 第五 毘盧遮那品 第六	初會
修因契果生解分 (解)	差別因果周	差別因	十信	如來名號品 第七 四聖諦品 第八 光明覺品 第九 菩薩問明品 第十 淨行品 第十一 賢首品 第十二	二會
			十住	昇須彌山頂品 第十三 須彌頂上偈讚品 第十四 十住品 第十五 梵行品 第十六 初發心功德品 第十七 明法品 第十八	三會
			十行	昇夜摩天宮品 第十九 夜摩天宮偈讚品 第二十 十行品 第二十一 十無盡藏品 第二十二	四會
			十廻向	昇兜率天宮品 第二十三 兜率宮中偈讚品 第二十四 十廻向品 第二十五	五會
			十地	十地品 第二十六	六會
			等覺	十定品 第二十七 十通品 第二十八 十忍品 第二十九 阿僧祇品 第三十 如來壽量品 第三十一 菩薩住處品 第三十二	七會
		差別果	妙覺	佛不思議法品 第三十三 如來十身相海品 第三十四 如來隨好光明功德品 第三十五	
	平等因果周	平等因		普賢行品 第三十六	
		平等果		如來出現品 第三十七	
托法進修成行分 (行)	成行因果周		二千行門	離世間品 第三十八	八會
依人證入成德分 (證)	證入因果周		證果法門	入法界品 第三十九	九會

會場	放光別	會主	入定別	說法別舉
菩提場	遮那放齒光眉間光	普賢菩薩爲會主	入毘盧藏身三昧	如來依正法
普光明殿	世尊放兩足輪光	文殊菩薩爲會主	此會不入定．信未入位故	十信法
忉利天宮	世尊放兩足指光	法慧菩薩爲會主	入無量方便三昧	十住法門
夜摩天宮	如來放兩足趺光	功德林菩薩爲會主	入菩薩善思惟三昧	十行法門
兜率天宮	如來放兩膝輪光	金剛幢菩薩爲會主	入菩薩智光三昧	十廻向法門
他化天宮	如來放眉間毫相光	金剛藏菩薩爲會主	入菩薩大智慧光明三昧	十地法門
再會普光明殿	如來放眉間口光	如來爲會主	入刹那際三昧	等妙覺法門
三會普光明殿	此會佛不放光．表行依解法依解光故	普賢菩薩爲會主	入佛華莊嚴三昧	二千行門
祇陀園林	放眉間白毫光	如來善友爲會主	入獅子頻申三昧	果法門

如天 無比

1943년 영덕에서 출생하였다. 1958년 출가하여 덕흥사, 불국사, 범어사를 거쳐 1964년 해인사 강원을 졸업하고 동국역경연수원에서 수학하였다. 10여 년 선원생활을 하고 1976년 탄허스님에게 화엄경을 수학하고 전법, 이후 통도사 강주, 범어사 강주, 은해사 승가대학원장, 대한불교조계종 교육원장, 동국역경원장, 동화사 한문불전승가대학원장 등을 역임하였다. 2018년 5월에는 수행력과 지도력을 갖춘 승랍 40년 이상 되는 스님에게 품서되는 대종사 법계를 받았다.

현재 부산 문수선원 문수경전연구회에서 150여 명의 스님과 300여 명의 재가 신도들에게 화엄경을 강의하고 있다. 또한 다음 카페 '염화실'(http://cafe.daum.net/yumhwasil)을 통해 '모든 사람을 부처님으로 받들어 섬김으로써 이 땅에 평화와 행복을 가져오게 한다.'는 인불사상(人佛思想)을 펼치고 있다.

저서로『대방광불화엄경 실마리』,『무비스님의 왕복서 강설』,『무비스님이 풀어 쓴 김시습의 법성게 선해』,『법화경 법문』,『신금강경 강의』,『직지 강설』(전 2권),『법화경 강의』(전 2권),『신심명 강의』,『임제록 강설』,『대승찬 강설』,『유마경 강설』,『당신은 부처님』,『사람이 부처님이다』,『이것이 간화선이다』,『무비 스님과 함께하는 불교공부』,『무비 스님의 증도가 강의』,『일곱 번의 작별인사』, 무비 스님이 가려 뽑은 명구 100선 시리즈(전 4권) 등이 있고 편찬하고 번역한 책으로『화엄경(한글)』(전 10권),『화엄경(한문)』(전 4권),『금강경 오가해』등이 있다.

대방광불화엄경 강설 제77권

| 초판 1쇄 발행_ 2018년 1월 4일
| 초판 2쇄 발행_ 2020년 4월 23일

| 지은이_ 여천 무비(如天 無比)
| 펴낸이_ 오세룡
| 편집_ 박성화 손미숙 김정은 김영미
| 기획_ 최은영 곽은영
| 디자인_ 고혜정 김효선 장혜정
| 홍보 마케팅_ 이주하
| 펴낸곳_ 담앤북스
　　　　　서울특별시 종로구 새문안로3길 23 경희궁의 아침 4단지 805호
　　　　　대표전화 02)765-1251 전송 02)764-1251 전자우편 damnbooks@hanmail.net
　　　　　출판등록 제300-2011-115호
| ISBN 979-11-6201-022-8 04220

정가 14,000원